高一同學的目

1. 熟背「高中
   常用7000字」
2. 月期考得高分
3. 會說流利的英語

1.「用會話背7000字①」書+ CD 280元

以三個極短句為一組的方式,讓同學背了會話,
同時快速增加單字。高一同學要從「國中常用
2000字」挑戰「高中常用7000字」,加強單字是
第一目標。

2.「一分鐘背9個單字」書+ CD 280元

利用字首、字尾的排列,讓你快速增加單字。一次背9個比背
1個字簡單。

3. rival

rival[5] (ˈraɪvl̩) n. 對手
arrival[3] (əˈraɪvl̩) n. 到達
festival[2] (ˈfɛstəvl̩) n. 節日;慶祝活動
} 都有 rival

revival[6] (rɪˈvaɪvl̩) n. 復甦
survival[3] (səˈvaɪvl̩) n. 生還
carnival[6] (ˈkɑrnəvl̩) n. 嘉年華會
} 字尾是 vival

carnation[5] (kɑrˈneʃən) n. 康乃馨
donation[6] (doˈneʃən) n. 捐贈
donate[6] (ˈdonet) v. 捐贈
} 字尾是 nation

3.「一口氣考試英語」書+ CD 280元

把大學入學考試題目編成會話,背了以後,
會說英語,又會考試。

例如:

What a nice surprise! (真令人驚喜!)【常考】
I can't believe my eyes.
(我無法相信我的眼睛。)
Little did I dream of seeing you here.
(做夢也沒想到會在這裡看到你。)【駒澤大】

4.「一口氣背文法」書+ CD 280元
英文文法範圍無限大，規則無限多，誰背得完？
劉毅老師把文法整體的概念，編成216句，背完
了會做文法題、會說英語，也會寫作文。既是一
本文法書，也是一本會話書。

1. 現在簡單式的用法

I *get up* early every day.   我每天早起。

I *understand* this rule now.   我現在了解這條規定了。

Actions *speak* louder than   行動勝於言辭。
words.

【二、三句強調實踐早起】

5.「高中英語聽力測驗①」書+ MP3 280元

6.「高中英語聽力測驗進階」書+ MP3 280元
高一月期考聽力佔20%，我們根據大考中心公布的
聽力題型編輯而成。

7.「高一月期考英文試題」書 280元
收集建中、北一女、師大附中、中山、成功、景
美女中等各校試題，並聘請各校名師編寫模擬試
題。

8.「高一英文克漏字測驗」書 180元

9.「高一英文閱讀測驗」書 180元
全部取材自高一月期考試題，英雄
所見略同，重複出現的機率很高。
附有翻譯及詳解，不必查字典，對
錯答案都有明確交待，做完題目，
一看就懂。

高二同學的目標——提早準備考大學

1. 「用會話背7000字①②」
書+CD，每冊280元

「用會話背7000字」能夠解決
所有學英文的困難。高二同學
可先從第一冊開始背，第一冊
和第二冊沒有程度上的差異，
背得越多，單字量越多，在腦
海中的短句越多。每一個極短句大多不超過5個字，1個字或
2個字都可以成一個句子，如：「用會話背7000字①」p.184，
每一句都2個字，好背得不得了，而且與生活息息相關，是
每個人都必須知道的知識，例如：成功的祕訣是什麼？

11. What are the keys to success?

Be *ambitious*.	要有<u>雄心</u>。
Be *confident*.	要有<u>信心</u>。
Have *determination*.	要有<u>決心</u>。
Be *patient*.	要有<u>耐心</u>。
Be *persistent*.	要有<u>恆心</u>。
Show *sincerity*.	要有<u>誠心</u>。
Be *charitable*.	要有<u>愛心</u>。
Be *modest*.	要<u>虛心</u>。
Have *devotion*.	要<u>專心</u>。

當你背單字的時候，就要有「雄心」，要「決心」背好，對
自己要有「信心」，一定要有「耐心」和「恆心」，背書時
要「專心」。

背完後，腦中有2,160個句子，那不得了，無限多的排列組
合，可以寫作文。有了單字，翻譯、閱讀測驗、克漏字都難
不倒你了。高二的時候，要下定決心，把7000字背熟、背
爛。雖然高中課本以7000字為範圍，編書者為了便宜行事，
往往超出7000字，同學背了少用的單字，反倒忽略真正重要
的單字。千萬記住，背就要背「高中常用7000字」，背完之
後，天不怕、地不怕，任何考試都難不倒你。

2.「時速破百單字快速記憶」書 250元

字尾是 try，重音在倒數第三音節上

entry³ ('ɛntrɪ) *n.* 進入【No entry. 禁止進入。】
country¹ ('kʌntrɪ) *n.* 國家；鄉下【ou 讀 /ʌ/，為例外字】
ministry⁴ ('mɪnɪstrɪ) *n.* 部【mini = small】

chemistry⁴ ('kɛmɪstrɪ) *n.* 化學
geometry⁵ (dʒɪ'ɑmətrɪ) *n.* 幾何學【geo 土地，metry 測量】
industry² ('ɪndəstrɪ) *n.* 工業；勤勉【這個字重音常唸錯】

poetry¹ ('po‧ɪtrɪ) *n.* 詩
poultry⁴ ('poltrɪ) *n.* 家禽　　字尾 y 表「集合名詞」
pastry⁵ ('pestrɪ) *n.* 糕餅

3.「高二英文克漏字測驗」書 180元

4.「高二英文閱讀測驗」書 180元
　全部選自各校高二月期考試題精華，英雄所見略
　同，再出現的機率很高。

5.「7000字學測試題詳解」書 250元
　一般模考題為了便宜行事，往往超出7000字範圍
　，無論做多少份試題，仍然有大量生字，無法進
　步。唯有鎖定7000字為範圍的試題，才會對準備
　考試有幫助。每份試題都經「劉毅英文」同學實
　際考過，效果奇佳。附有詳細解答，單字標明級
　數，對錯答案都有明確交待，不需要再查字典，
　做完題目，再看詳解，快樂無比。

6.「高中常用7000字解析【豪華版】」書 390元
　按照「大考中心高中英文參考詞彙表」編輯而成
　。難背的單字有「記憶技巧」、「同義字」及
　「反義字」，關鍵的單字有「典型考題」。大學
　入學考試核心單字，以紅色標記。

7.「高中7000字測驗題庫」書 180元
　取材自大規模考試，解答詳盡，節省查字典的時間。

TEST 1

說明： 第 1 至 10 題，每題一個空格。請依文意在文章後所提供的 (A) 到 (L) 選項中分別選出最適當者。

Usually, pets are animals, such as birds or fish, that we keep in our homes and __1__. Sometimes, schools will keep "class pets," which all the students __2__ caring for these animals. A "teacher's pet," however, is not an animal, but a student in a class who is the __3__ of one particular teacher. Of course, teachers are not __4__ to have favorite students, and they should treat everyone __5__. Unfortunately, some students try hard to become the "teacher's pet," __6__ it will get them better grades. What is even __7__ unfortunate is that some teachers enjoy the attention those students give, and __8__ start to favor them. Often, the __9__ result is that other students __10__ and dislike the one who is the teacher's pet.

(A) favorite   (B) take care of   (C) supposed

(D) hoping   (E) more   (F) unconsciously

(G) equally   (H) negative   (I) take turns

(J) resent   (K) associated   (L) inspire

TEST 1 詳解

Usually, pets are animals, *such as birds or fish*, *that* we keep in

our homes *and* ¹**(B)** *take care of*.

寵物通常是我們在家裡飼養和照顧的動物，像是鳥或魚。

* pet¹〔pεt〕*n.* 寵物　　　*such as* 像是
  keep¹〔kip〕*v.* 飼養

1. (**B**) *take care of* 照顧

Sometimes, schools will keep "class pets," *which all the students*

²**(I)** *take turns caring for these animals.* A "teacher's pet," *however*, is

not an animal, *but* a student *in a class* **who** is the ³**(A)** *favorite of one*

particular teacher.

有時候，學校會養「班級寵物」，班上的所有學生會輪流照顧這些動物。

然而，「老師寵物」並不是動物，而是某個特定的老師在班上最喜愛的學

生。

* sometimes¹〔'sʌm,taɪmz〕*adv.* 有時候
  care for 照顧
  not A but B 不是 A，而是 B
  particular²〔pə'tɪkjələ〕*adj.* 特定的

```
care for  照顧
= take care of
= look after
= tend to
= attend²
```

2. (**I**) *take turns + V-ing* 輪流

3. (**A**) favorite[2] 〔'fevərɪt 〕*n.* 最喜愛的人或物   *adj.* 最喜愛的

Of course, teachers are not [4](C) supposed to have favorite students,

and they should treat everyone [5](G) *equally*. *Unfortunately*, some

students try *hard* to become the "teacher's pet," [6](D) *hoping it will*

get them better grades.

當然，老師不應該有最喜愛的學生，而且他們應該公平地對待每個學生。
　　　　　　　　　 4　　　　　　　　　　　　　　 5

遺憾的是，有些學生會努力想變成「老師寵物」，希望這樣會得到較好的
　　　　　　　　　　　　　　　　　　　　　　　　　　 6

成績。

* treat[2] 〔 trit 〕*v.* 對待
  unfortunately[4] 〔 ʌn'fɔrtʃənɪtlɪ 〕*adv.* 不幸地；遺憾的是
  grade[2] 〔 gred 〕*n.* 成績

4. (**C**) *be supposed to V*. 應該

5. (**G**) equally[2] 〔'ikwəlɪ 〕*adv.* 相等地；同樣地

6. (**D**) 依句意，空格應填 and hope，又對等連接詞 and 可省略，但
   動詞 hope 需改為現在分詞 *hoping*，選 (D)。
   hope[1] 〔 hop 〕*v.* 希望

What is even [7](E) *more* unfortunate is *that* some teachers enjoy the

attention those students give, *and* [8](F) *unconsciously* start to favor them.

甚至<u>更</u>可惜的是，有些老師喜歡那些學生給予的注意，而<u>不知不覺地</u>開始
₇   ₈
偏愛他們。

    * unfortunate⁴ 〔 ʌnˋfɔrtʃənɪt 〕 *adj.* 不幸的；令人遺憾的；可惜的
      enjoy² 〔 ɪnˋdʒɔɪ 〕 *v.* 享受；喜歡
      attention² 〔 əˋtɛnʃən 〕 *n.* 注意；注意力
      favor² 〔 ˋfevɚ 〕 *v.* 偏愛；偏袒

7. (**E**) 依句意，甚至「更」可惜的是，選 (E) ***more*** 。

8. (**F**) unconsciously³ 〔 ʌnˋkɑnʃəslɪ 〕 *adv.* 無意識地；不知不覺地

Often, the ⁹**(H)** <u>negative</u> result is ***that*** other students ¹⁰**(J)** <u>resent</u> ***and***

*dislike the one **who** is the teacher's pet.*

通常，<u>負面的</u>結果就是，其他的學生會<u>怨恨</u>和討厭成為老師寵物的學生。
         ₉   ₁₀

    * result² 〔 rɪˋzʌlt 〕 *n.* 結果
      dislike³ 〔 dɪsˋlaɪk 〕 *v.* 不喜歡

9. (**H**) negative² 〔 ˋnɛɡətɪv 〕 *adj.* 負面的

10. (**J**) resent⁵ 〔 rɪˋzɛnt 〕 *v.* 憎恨

TEST 2

說明：第 1 至 10 題，每題一個空格。請依文意在文章後所提供的 (A) 到 (L) 選項中分別選出最適當者。

Look anywhere in the summer and you'll see men and women of all ___1___ walking in flip flops. But many people are ___2___ up the convenience of the cheap footwear because of the risk of ___3___ problems. Albuquerque podiatrist Zachary Haas said flip flops can cause foot pain because they provide no ___4___ for the foot's arch. When we wear flip flops, we change the way we walk, with a shorter ___5___ length that could put increased stress and ___6___ on other areas of the body.

There are other issues ___7___ with long-term use of flip flops. Toes are exposed, so there's less protection from dropping ___8___ onto the toes. It also leads to instances of fungal ___9___ as well. Therefore, too much time in flip flops can give ___10___ to more pain and problems than they're worth.

(A) strain	(B) ages	(C) objects	(D) infections
(E) stride	(F) rise	(G) giving	(H) potential
(I) associated	(J) support	(K) showing	(L) successed

TEST 2 詳解

Look *anywhere in the summer **and*** you'll see men ***and*** women of all [1](B) *ages walking in flip flops.* ***But*** many people are [2](G) giving up the convenience *of the cheap footwear **because*** of the risk of [3](H) *potential problems.*

夏天時你可以四處看看，你會看到各個年齡層的男女，都穿著夾腳拖。
1

但由於潛在問題的風險，所以許多人放棄這種廉價鞋的便利性。
3　　　　　　　　　　　　2

* flip[5] ﹝ flɪp ﹞ v. 將⋯輕輕的往上拋
  flop ﹝ flɑp ﹞ n. 撲通的掉落聲
  flip flop 塑膠（或橡膠）平底人字拖鞋；夾腳拖
  convenience[4] ﹝ kən'vinjəns ﹞ n. 方便
  footwear ﹝'fʊt,wɛr ﹞ n. 鞋類
  risk[3] ﹝ rɪsk ﹞ n. 風險

1. (**B**) ***of all ages*** 所有年齡的

2. (**G**) ***give up*** 放棄

3. (**H**) potential[5] ﹝ pə'tɛnʃəl ﹞ adj. 潛在的；可能的

Albuquerque podiatrist Zachary Haas said *flip flops can cause foot pain **because** they provide no* [4](J) *support for the foot's arch.* ***When*** we *wear flip flops*, we change the way *we walk,* *with a shorter* [5](E) *stride*

length that could put increased stress and [6](A) *strain on other areas of*

the body.

阿布奎基足科醫生札卡里・哈斯說，夾腳拖可能會導致腳痛，因為它
們沒有提供足弓<u>支撐</u>。當我們穿夾腳拖時，會改變我們走路的方式，<u>步伐</u>
                4
長度較短，這可能會增加身體其他部位的壓力和<u>緊張</u>。
               6

* Albuquerque〔ˈælbə͵kɝkɪ〕*n.* 阿布奎基【美國新墨西哥州城市】
  podiatrist〔poˈdaɪətrɪst〕*n.* 足科醫生
  Zachary Haas〔ˈzækərɪ ˈhɑs〕*n.* 札卡里・哈斯
  pain[2]〔pen〕*n.* 疼痛   provide[2]〔prəˈvaɪd〕*v.* 提供
  arch[4]〔ɑrtʃ〕*n.* 足弓   wear[1]〔wɛr〕*v.* 穿
  length[2]〔lɛŋθ〕*n.* 長度   increase[2]〔ɪnˈkris〕*adj.* 增加的
  stress[2]〔strɛs〕*n.* 壓力   area[1]〔ˈɛrɪə , ˈerɪə〕*n.* 部位

4. (**J**) support[2]〔səˈport〕*v.* 支持；支撐

5. (**E**) stride[5]〔straɪd〕*n.* （一）大步；步伐

6. (**A**) strain[4]〔stren〕*n.* （身體的）緊張；壓力

There are other issues [7](I) *associated* with long-term use of *flip flops.*

Toes are exposed, *so* there's *less* protection *from dropping* [8](C) *objects*

onto the toes.

還有其他與長期使用夾腳拖相關的問題。因爲穿夾腳拖的腳趾暴露在
外，所以物體掉落到腳趾上的防護更少了。

* issue⁵ ('ɪʃʊ , 'ɪʃjʊ) *n.* 議題；問題
long-term ('lɔŋ,tɜm) *adj.* 長期的　　toe² (to) *n.* 腳趾
expose⁴ (ɪk'spoz) *v.* 暴露；使接觸
protection³ (prə'tɛkʃən) *n.* 保護 < *from* >
drop² (drɑp) *v.* 落下

7. (**I**) *be associated with* 和…有關

8. (**C**) object² ('ɑbdʒɪkt) *n.* 物體

It *also* leads to instances *of fungal* ⁹**(D)** *infections as well. Therefore,*

too much time *in flip flops* can give ¹⁰**(F)** rise to more pain *and*

problems *than they're worth.*

夾腳拖也會導致眞菌感染的情況。因此，穿著夾腳拖的時間太多，可能會
引起比它們的價值更多的痛苦和問題。

* *lead to* 導致；造成　　instance² ('ɪnstəns) *n.* 實例
fungal ('fʌŋgl) *adj.* 眞菌的　　*as well* 也 (= *too*)
therefore² ('ðɛr,for) *adv.* 因此
worth² (wɜθ) *adj.* 值得…

9. (**D**) infection⁴ (ɪn'fɛkʃən) *n.* 感染

10. (**F**) *give rise to* 導致；造成

TEST 3

說明：　第 1 至 10 題，每題一個空格。請依文意在文章後所提供的 (A) 到 (L)
　　　　選項中分別選出最適當者。

　　The occurrence of ＿＿1＿＿ disasters is inevitable, no
matter in which part of the world or at what instant of time
they may occur. Among such disasters, earthquakes are
＿＿2＿＿ in that their time and place of happening cannot be
＿＿3＿＿ and measuring the extent of destruction caused by
them is ＿＿4＿＿ in post-earthquake scenarios. Therefore,
a constant vigilance and a ＿＿5＿＿ system of disaster
management are needed for the concerned institutions and
the people.

　　For the past few years, satellite remote sensing (SRS)
and geographical information systems (GIS) have become
＿＿6＿＿ matter of concern for ＿＿7＿＿ dealing with disaster
management. The potential and accuracy of SRS
techniques and the use of GIS for assessment of damage
caused by earthquakes have been ＿＿8＿＿. They have also

been implemented for devising suitable strategies to deal
with the ___9___ in quake hit areas. Where they are being
used to ___10___ affected areas, victims of earthquakes can
recover more quickly.

(A) damage   (B) exceptional   (C) only possible
(D) concrete   (E) natural   (F) personnel
(G) foretold   (H) restore   (I) an ever important
(J) proven   (K) store   (L) personal

【劉毅老師的話】

「文意選填」的得分秘訣：

1. 按照詞性過濾答案。

2. 將已經選過的答案劃掉，避免浪費時間考慮。

3. 把它當成填空題來作答，能迅速找到答案。

4. 練習、練習，再練習。題目做得越多，答題速
   度越快、越正確。

TEST 3 詳解

The occurrence *of* [1](E) *natural disasters* is inevitable, ***no matter***

*in **which** part of the world **or** at **what** instant of time they may occur.*

無論在世界的哪個地方或什麼時候，天災的發生都是無法避免的。
　　　　　　　　　　　　　　　　1

* occurrence[5] 〔 ə'kɜəns 〕 *n.* 發生　　disaster[4] 〔 dɪz'æstə 〕 *n.* 災難
  inevitable[6] 〔 ɪn'ɛvətəbḷ 〕 *adj.* 不可避免的
  instant[2] 〔'ɪnstənt 〕 *n.* 時刻　　occur[2] 〔 ə'kɜ 〕 *v.* 發生

1. (**E**) natural[2] 〔'nætʃərəl 〕 *adj.* 自然的；天生的

Among such disasters, earthquakes are [2](B) exceptional *in that their*

*time **and** place of happening cannot be* [3](G) *foretold **and** measuring*

the extent of destruction caused by them is [4](C) *only possible in*

post-earthquake scenarios.

在這樣的災害中，地震是例外的，因為它們的發生時間和地點是不可預測
　　　　　　　　　　2　　　　　　　　　　　　　　　　　　3
的，只能在地震過後測量它們所造成的破壞的程度。
　　4

* among[1] 〔 ə'mʌŋ 〕 *prep.* 在…當中
  earthquake[2] 〔'ɜθ,kwek 〕 *n.* 地震　　***in that*** 因為 (= *because*[1])
  measure[2,4] 〔'mɛʒə 〕 *v.* 測量　　extent[4] 〔 ɪks'tɛnt 〕 *n.* 程度
  destruction[4] 〔 dɪ'strʌkʃən 〕 *n.* 破壞　　cause[1] 〔 kɔz 〕 *v.* 造成
  scenario 〔 sɪ'nɛrɪ,o 〕 *n.* 可能的情況；事態；局面

2. (**B**) exceptional[4] 〔 ɪk'sɛpʃənl 〕 *adj.* 例外的

3. (**G**) foretell 〔 for'tɛl 〕 *v.* 預言;預測
   【三態變化:foretell–foretold–foretold】

4. (**C**) 依句意,「只有」在地震過後才「能」測量,選 (C) *only*
   possible。   possible[1] 〔'pɑsəbḷ 〕 *adj.* 可能的

Therefore, a constant vigilance *and* a [5](D) concrete system *of disaster*

management are needed *for the concerned institutions and the people.*
因此,相關機構和人民,需要持續的警戒和具體的災害管理系統。

* therefore[2] 〔'ðɛr,for 〕 *adv.* 因此
  constant[3] 〔'kɑnstənt 〕 *adj.* 持續的
  vigilance 〔'vɪdʒələns 〕 *n.* 警戒;注意
  system[3] 〔'sɪstəm 〕 *n.* 系統
  management[3] 〔'mænɪdʒmənt 〕 *n.* 管理
  concerned[3] 〔 kən'sɝnd 〕 *adj.* 有關的
  institution[6] 〔,ɪnstə'tjuʃən 〕 *n.* 機構

5. (**D**) concrete[4] 〔 kɑn'krit 〕 *adj.* 具體的

For the past few years, satellite remote sensing (SRS) *and*

geographical information systems (GIS) have become [6](I) an *ever*

important matter *of concern for* [7](F) *personnel* dealing with disaster

management.

　　過去幾年來，衛星遙測（SRS）和地理資訊系統（GIS）已經變成災害管理人員關心的一項日益重要的事務。
　　　　　　　　　7　　　　　　　6

* past[1]〔pæst〕*adj.* 過去的　　satellite[4]〔'sætḷ,aɪt〕*n.* 衛星
remote[3]〔rɪ'mot〕*adj.* 遙遠的
sense[1]〔sɛns〕*v.*（機器等）檢測；測出
geographical[5]〔,dʒɪə'græfɪkḷ〕*adj.* 地理的
information[4]〔,ɪnfə'meʃən〕*n.* 資訊　　matter[1]〔'mætə〕*n.* 事情
concern[3]〔kən'sɝn〕*n.* 關心　　***deal with*** 處理

6. (**I**) 依句意，已成為「一項日益重要的」事務，故選 (I) ***an ever important***。
　　ever[1]〔'ɛvə〕*adv.* 愈加；日益；越來越（ = *increasingly*）

7. (**F**) personnel[5]〔,pɝsṇ'ɛl〕*n.*（總稱）人員；全體職員

The potential ***and*** accuracy *of SRS techniques **and** the use of GIS for assessment of damage caused by earthquakes* have been [8](**J**) proven.

　　SRS 技術以及使用 GIS 評估地震造成的破壞，其潛力和準確性，已經獲得證實。
　　8

* potential[5]〔pə'tɛnʃəl〕*n.* 潛力；可能性
accuracy[4]〔'ækjərəsɪ〕*n.* 準確
technique[3]〔tɛk'nik〕*n.* 技術；方法
assessment[6]〔ə'sɛsmənt〕*n.* 評估
damage[2]〔'dæmɪdʒ〕*n.* 損害

8. (**J**) prove[1]〔pruv〕*v.* 證明；證實
　　　　　【三態變化：prove–proved–proven】

They have *also* been implemented *for devising suitable strategies to*

deal with the ⁹(**A**) *damage in quake hit areas.*

已經啓用 SRS 和 GIS 是爲了制定合適的策略，以處理受地震侵襲的地區造
成的<u>損害</u>。
　　9

> * implement⁶〔ˈɪmpləˌmɛnt〕*v.* 實施；啓用
> devise⁴〔dɪˈvaɪz〕*v.* 設計；發明
> suitable³〔ˈsutəbḷ〕*adj.* 適合的
> strategy³〔ˈstrætədʒɪ〕*n.* 策略　　***deal with*** 處理
> quake⁴〔kwek〕*n.* 地震　　hit¹〔hɪt〕*v.* 侵襲
> area¹〔ˈɛrɪə, ˈerɪə〕*n.* 地區

9. (**A**) damage²〔ˈdæmɪdʒ〕*n.* 損害

Where *they are being used to* ¹⁰(**H**) *restore affected areas*, victims *of*

earthquakes can recover *more quickly.*

在災區，它們被用來<u>恢復</u>受影響的地區，讓地震受害者可以復原得更快。
　　　　　　　　　10

> * where¹〔hwɛr〕*conj.* 在…的地方
> affect³〔əˈfɛkt〕*v.* 影響
> victim³〔ˈvɪktɪm〕*n.* 受害者
> recover³〔rɪˈkʌvɚ〕*v.* 恢復；復原

10. (**H**) restore⁴〔rɪˈstor〕*v.* 恢復

TEST 4

說明： 第 1 至 10 題，每題一個空格。請依文意在文章後所提供的 (A) 到 (L)
　　　選項中分別選出最適當者。

　　What causes poverty? Poverty is caused by many ___1___.
Some of these include a dry climate with very little rain, low
___2___ of education, and political and economic instability.

　　The biggest cause of poverty, ___3___, is the ever-widening
gap between the rich and the poor. Did you know that three of
the richest people in the world have more money than all of the
people in the poorest 48 countries? That's almost one ___4___
of all the countries in the world!

　　In many countries, especially in Latin America, there are
a ___5___ of extremely rich people who hold almost all of the
country's wealth ___6___ most of the rest of the country live in
poverty. These countries have almost no middle class. This
type of ___7___ exists not only in poor countries but in the U.S.
___8___. In fact, the richest 10% of Americans receive almost
one third of the nation's income. As this type of inequality
increases, the number of middle class citizens decreases, while
the number of ___9___ living in ___10___ rises.

(A) imbalance　　(B) poverty　　(C) factors　　(D) levels
(E) quarter　　　(F) however　　(G) handful　　(H) while
(I) those　　　　(J) as well　　(K) balance　　(L) according to

TEST 4 詳解

What causes poverty? Poverty is caused *by many* **[1](C)** *factors*.

Some *of these* include a dry climate *with very little rain*, low

[2](D) levels *of education*, **and** political **and** economic instability.

　　是什麼造成貧窮？造成貧窮的<u>因素</u>有很多，其中包括很少下雨的乾燥
　　　　　　　　　　　　　　　　1
氣候、教育<u>程度</u>低，以及政治和經濟不穩定。
　　　　　2

　　* cause[1] 〔kɔz〕v. 導致；造成　　n. 原因
　　　 poverty[3] 〔'pɑvətɪ〕n. 貧窮　　include[2] 〔ɪn'klud〕v. 包括
　　　 climate[2] 〔'klaɪmɪt〕n. 氣候
　　　 political[3] 〔pə'lɪtɪkḷ〕adj. 政治的
　　　 economic[4] 〔ˌikə'nɑmɪk〕adj. 經濟的
　　　 instability 〔ˌɪnstə'bɪlətɪ〕n. 不穩定【stability[6] n. 穩定】

1. (**C**) factors[3] 〔'fæktɚz〕n. pl. 因素

2. (**D**) levels[1] 〔'lɛvḷ〕n. pl. 水平；程度

The biggest cause *of poverty*, **[3](F)** *however*, is the ever-widening

gap *between the rich **and** the poor*.

　　<u>不過</u>，貧窮的最大原因，是不斷擴大的貧富差距。
　　　3

　　* ever- 表示「一直；持續；不斷」，如：ever-popular（一直大受
　　　 歡迎的）、ever-changing（變化不斷的）、ever-increasing
　　　 （不斷增加的）等。
　　 widen[2] 〔'waɪdṇ〕v. 變寬

ever-widening 〔͵ɛvə'waɪdṇɪŋ 〕 *adj.* 不斷變寬的
gap³ 〔 gæp 〕 *n.* 差距
the rich 有錢人（= *rich people* ）
the poor 窮人（= *poor people* ）

3. (**F**) however² 〔 haʊ'ɛvə 〕 *adv.* 不過；然而

Did you know ***that*** *three of the richest people in the world have more*

money ***than*** *all of the people in the poorest 48 countries*? That's

almost one ⁴(**E**) quarter *of all the countries in the world*!
你知道全世界最有錢的三個人所擁有的錢，比最貧窮的四十八個國家的所
有人民的錢還要多嗎？那幾乎是世界上所有國家的四分之一。
4

4. (**E**) quarter² 〔'kwɔrtə 〕 *n.* 四分之一

In many countries, especially in Latin America, there are a

⁵(**G**) handful of *extremely* rich people ***who*** *hold almost all of the*

country's wealth ⁶(**H**) ***while*** most *of the rest of the country* live *in*

poverty.
在許多國家，尤其是在拉丁美洲的國家，少數的極有錢人幾乎擁有該
5
國所有的財富，而其餘許多的國民，則過著貧窮的生活。
6

　　* especially² 〔 əˈspɛʃəlɪ 〕 *adv.* 尤其；特別是
　　Latin 〔ˈlætn̩ 〕 *adj.* 拉丁的　　*n.* 拉丁文
　　Latin America 拉丁美洲；中南美洲
　　extremely³ 〔 ɪkˈstrimlɪ 〕 *adv.* 極度地；非常
　　hold¹ 〔 hold 〕 *v.* 擁有
　　wealth³ 〔 wɛlθ 〕 *n.* 財富
　　rest¹ 〔 rɛst 〕 *n.* 其餘的人或物
　　live in poverty 過貧窮的生活

5. (**G**)　handful³ 〔ˈhændfəl 〕 *n.* 一把；少量；少數
　　　　a handful of 少數的

6. (**H**)　表示「對比」，連接詞用 ***while***「然而」，選 (H)。
　　　　while¹ 〔 hwaɪl 〕 *conj.* 然而 (= *whereas*⁵)

These countries have *almost* no middle class. This type *of*

⁷(**A**) *imbalance* exists ***not only*** *in poor countries **but** in the U.S.*

⁸(**J**) *as well.*

這些國家幾乎沒有中產階級。這種<u>不均衡</u>不僅存在於貧窮國家，而且連美
　　　　　　　　　　　　　　　　7
國<u>也</u>是如此。
　8

　　* ***middle class*** 中產階級　　　type² 〔 taɪp 〕 *n.* 類型
　　exist² 〔 ɪgˈzɪst 〕 *v.* 存在
　　not only…but (also) 不僅…而且

7. (**A**)　imbalance³ 〔 ɪmˈbæləns 〕 *n.* 不平衡；不均衡

8. (**J**)　***as well*** 也 (= *too*)

In fact, the richest 10% *of Americans* receive *almost* one third *of the*

nation's income. *As this type of inequality increases*, the number *of*

middle class citizens decreases, ***while*** the number *of* [9](**I**) *those* living in

[10](**B**) *poverty* rises.

事實上，美國百分之十最有錢的人，收入幾乎佔全國收入的三分之一。隨
著這種不平等的日益嚴重，中產階級的公民數會減少，而<u>那些</u>過貧窮生活
<u>的人</u>則是逐漸增加。

* ***in fact*** 事實上　　receive[1] 〔rɪ'siv 〕 *v.* 得到
  one third of 三分之一的　　income[2] 〔'ɪn,kʌm 〕 *n.* 收入
  inequality[4] 〔,ɪnɪ'kwɑlətɪ 〕 *n.* 不平等
  increase[2] 〔 ɪn'kris 〕 *v.* 增加
  number[1] 〔'nʌmbɚ 〕 *n.* 人數
  citizen[2] 〔'sɪtəzn̩ 〕 *n.* 公民；人民
  decrease[4] 〔 dɪ'kris 〕 *v.* 減少
  rise[1] 〔 raɪz 〕 *v.* 上升；增加

9. (**I**) 依句意，「那些」過貧窮生活「的人」，代名詞用 ***those***，
   選 (I)。

10. (**B**) poverty[3] 〔'pɑvɚtɪ 〕 *n.* 貧窮

TEST 5

說明： 第 1 至 10 題，每題一個空格。請依文意在文章後所提供的 (A) 到 (L) 選項中分別選出最適當者。

　　Earth-friendly fabrics are getting more and more attention these days. With a growing number of companies concerned about environmental ___1___, it is now possible to buy shirts made from bamboo or socks made from ___2___. These companies are devoted to ___3___ development and hope to produce satisfying products while protecting natural resources.

　　Traditionally, making clothes involves harsh chemicals and a lot of energy. Many fabrics are created in ___4___, where scientists make molecules called polymers and make synthetic (man-made) materials. For instance, the commonly used material polyester is made from a polymer called polyethylene terephthalate (PET), which can be drawn into long and thin ___5___.

The problem, __6__, is that most synthetic fibers are made from petroleum, a__7__ resource on earth. To reduce people's reliance on petroleum, some companies have experimented with other materials, such as corn sugar or even __8__ materials. Their efforts with these materials are not __9__ successful, but with modern technology, many clothes made from organic or recycled materials are already __10__ in stores.

(A) sustainable   (B) corn   (C) threads

(D) recycled   (E) available   (F) limited

(G) laboratories   (H) issues   (I) always

(J) however   (K) horn   (L) lavatories

TEST 5 詳解

Earth-friendly fabrics are getting more **and** more attention these days. With a growing number of companies concerned about environmental [1]**(H) issues,** it is *now* possible to buy shirts *made from* bamboo **or** socks made from [2]**(B) corn.**

最近環保布料越來越受到關注。隨著越來越多的公司關心環保的議題，現在可以買到由竹子製成的襯衫或玉米製成的襪子。

* earth-friendly ('ɝθ͵frɛndlɪ) *adj.* 環保的
fabric⁵ ('fæbrɪk) *n.* 布料
attention² (ə'tɛnʃən) *n.* 注意力
these days 最近
a growing number of 越來越多的   *be concerned about* 關心
environmental³ (ɪn͵vaɪrən'mɛntḷ) *adj.* 環境的；有關環境（保護）的
bamboo² (bæm'bu) *n.* 竹子   socks² (saks) *n. pl.* 短襪

> earth-friendly *adj.* 環保的
> = eco-friendly
> = environmentally-friendly

1. (**H**) issue⁵ ('ɪʃu) *n.* 議題

2. (**B**) corn¹ (kɔrn) *n.* 玉米

These companies are devoted to [3]**(A) sustainable** development **and** hope to produce satisfying products *while* protecting natural resources.

這些公司致力於永續發展，希望在保護自然資源的同時，能生產出滿意的產品。

be devoted to 致力於
development² (dɪ'vɛləpmənt) *n.* 發展
produce² (prə'djus) *v.* 生產；製造

> be devoted to N./V-ing
>   致力於…
> = be dedicated to N./V-ing
> = be committed to N./V-ing

satisfying[2] (ˈsætɪsˌfaɪɪŋ) *adj.* 令人滿意的
product[3] (ˈprɑdəkt) *n.* 產品　　while[1] (hwaɪl) *conj.* 同時
protect[2] (prəˈtɛkt) *v.* 保護　　resource[3] (rɪˈsors) *n.* 資源
natural resources 天然資源

3. (**A**) sustainable (səˈsteɪnəbḷ) *adj.* 可持續的；永續的

Traditionally, making clothes involves harsh chemicals ***and*** a

lot of energy.　Many fabrics are created *in* [4](**G**) *laboratories*, ***where***

scientists make molecules called polymers ***and*** *make synthetic*

(man-made) materials.

　　傳統上，製作衣服需要刺激性強的化學藥品和大量的能源。許多布料
是科學家在實驗室中，製作了名爲聚合物的分子，並製成合成（人造）材
料。
₄

　　* traditionally[2] (trəˈdɪʃənḷɪ) *adv.* 傳統上
　　involve[4] (ɪnˈvɑlv) *v.* 需要；和…有關
　　harsh[4] (hɑrʃ) *adj.* 刺激性強的；刺鼻的
　　chemical[5] (ˈkɛmɪkḷ) *n.* 化學藥品
　　energy[2] (ˈɛnɚdʒɪ) *n.* 能源
　　molecule[5] (ˈmɑləˌkjul) *n.* 分子
　　polymer (ˈpɑlɪmɚ) *n.* 聚合物
　　synthetic[6] (sɪnˈθɛtɪk) *adj.* 合成的
　　man-made (ˌmænˈmed) *adj.* 人造的；合成的
　　material[2,6] (məˈtɪrɪəl) *n.* 原料；材料

4. (**G**) laboratory[4] (ˈlæbrəˌtorɪ) *n.* 實驗室

For instance, the *commonly* used material *polyester* is made from a
polymer | *called polyethylene terephthalate (PET),* **which** *can be drawn*
into long and thin [5]**(C)** *threads*.

例如，一般常使用的材料聚酯纖維，是由一種叫作聚乙烯對苯二甲酸酯
（PET）的聚合物所製成，它可以被拉成長而細的線。

> * *for instance* 例如（= *for example*）
> commonly[1] (ˋkɑmənlɪ) *adv.* 通常；常常
> polyester (ˋpɑlɪˏɛstɚ , ˏpɑlɪˋɛstɚ) *n.* 聚酯纖維
> polyethylene (ˏpɑlɪˋɛθəˏlin) *n.* 聚乙烯
> terephthalate (ˏtɛrəfˋθælet) *n.* 對苯二酸鹽（或酯）
> **polyethylene terephthalate** 聚乙烯對苯二甲酸酯

$$\left[-\overset{\overset{O}{\|}}{C}-\langle\bigcirc\rangle-\overset{\overset{O}{\|}}{C}-O-CH_2-CH_2-O-\right]_n$$

polyethylene terephthalate (PET)

> draw[1] (drɔ) *v.* 拉　　thin[2] (θɪn) *adj.* 細的

5. (**C**) thread[3] (θrɛd) *n.* 線

The problem, [6]**(J)** *however*, is **that** *most synthetic fibers are made from*
petroleum, a [7]**(F)** *limited resource on earth. To reduce people's reliance*
on petroleum, some companies have experimented *with other materials,*
*such as corn sugar **or** even* [8]**(D)** *recycled materials.*

<u>然而</u>，問題在於，大多數合成纖維都是石油製成的，而石油是地球上<u>有限</u>
 6   7
<u>的資源</u>。為了減少人們對石油的依賴，有些公司已經試了其他原料，如右
旋糖或甚至<u>回收</u>的原料。
         8

> reliance on N.　對…的依賴
> = dependence on N.

* fiber[5] 〔ˈfaɪbɚ〕 *n.* 纖維
  petroleum[6] 〔pəˈtrolɪəm〕 *n.* 石油
  reduce[3] 〔rɪˈdjus〕 *v.* 減少　　reliance[6] 〔rɪˈlaɪəns〕 *n.* 依賴 < on >
  experiment[3] 〔ɪkˈspɛrəˌmɛnt〕 *v.* 做（…的）實驗；用…進行試驗
  sugar[1] 〔ˈʃʊgr〕 *n.* 糖　　***corn sugar*** 【生化】右旋糖

6. (**J**)　依句意，本句與前句語氣有轉折，故選 (J) ***however*** 「然而」。

7. (**F**)　limited[2] 〔ˈlɪmɪtɪd〕 *adj.* 有限的

8. (**D**)　recycled[4] 〔rɪˈsaɪkl̩d〕 *adj.* 回收的；再利用的

Their efforts *with these materials* are *not* [9](**I**) *always* successful, ***but***

with modern technology, many clothes *made from organic **or** recycled*

materials are *already* [10](**E**) available *in stores*.

他們在這些原料上的努力雖然不一定能成功，但是有著現代科技的輔助，
                                                9
許多用有機或回收原料製成的衣服，已經在商店中<u>可買到</u>了。
                                                                          10

* effort[2] 〔ˈɛfɚt〕 *n.* 努力　　modern[2] 〔ˈmɑdɚn〕 *adj.* 現代的
  technology[3] 〔tɛkˈnɑlədʒɪ〕 *n.* 科技
  organic[4] 〔ɔrˈgænɪk〕 *adj.* 有機的

9. (**I**)　***not always*** 未必；不一定（ = *not necessary* ）

10. (**E**)　available[3] 〔əˈveləbl̩〕 *adj.* 可獲得的；買得到的

TEST 6

說明： 第 1 至 10 題，每題一個空格。請依文意在文章後所提供的 (A) 到 (L)
選項中分別選出最適當者。

Hypnosis can seem like magic. To ___1___ how the
brain recalls memories, researchers from the Weizmann
Institute of Science in Rehovot, Israel showed people a
documentary film. A week later, the scientists ___2___ to
hypnotize the viewers. Some of the study participants
were easily hypnotized and ___3___ were not. While
___4___ hypnosis, participants were told to forget the
movie. They were then brought out of the hypnotic state
and asked to respond to a set of yes-or-no questions about
the movie ___5___ scanners monitoring activity in their
brains.

Participants then went through the process a second
time. Only this time, they were told to remember the
movie. Brain scans showed ___6___ differences between
people who ___7___ hypnosis and those who didn't.

In general, those who weren't hypnotized showed more
activity in more parts of their brains ___8___ those who
were. But the people who entered the trancelike state
showed extra activity in a part of the brain ___9___ the
prefrontal cortex. The researchers think that the
prefrontal cortex might be the major ___10___ maker on
whether you remember something or not.

(A) with   (B) succumbed to   (C) than

(D) under   (E) others   (F) turned in

(G) attempted   (H) breathtaking   (I) clear

(J) called   (K) decision   (L) discover

TEST 6 詳解

Hypnosis can seem like magic. *To* [1](L) *discover **how** the brain recalls memories*, researchers *from the Weizmann Institute of Science in Rehovot, Israel* showed people a documentary film.

催眠似乎像是魔術。為了<u>發現</u>大腦如何回想記憶，來自以色列雷霍沃
                   1
特的魏茲曼科學研究所的研究人員，給人們看了一部紀錄片。

  * hypnosis〔hɪp'nosɪs〕*n.* 催眠
   magic[2]〔'mædʒɪk〕*n.* 魔術；魔法
   brain[2]〔bren〕*n.* 大腦   recall[4]〔rɪ'kɔl〕*v.* 回想
   memory[2]〔'mɛmərɪ〕*n.* 記憶；回憶
   researcher[4]〔rɪ'sɝtʃɚ〕*n.* 研究人員
   institute[5]〔'ɪnstə,tjut〕*n.* 協會；機構；學院
   science[2]〔'saɪəns〕*n.* 科學
   Weizmann〔'waɪts,mən〕*n.* 魏茲曼
   Rehovot 雷霍沃特【又稱利河伯，是以色列中央區的一個城市】
   Israel〔'ɪzrɪəl〕*n.* 以色列【位於西亞的主權國家】
   documentary[6]〔,dɑkjə'mɛntərɪ〕*adj., n.* 記錄的；紀錄片
   film[2]〔fɪlm〕*n.* 電影

1. (L) discover[1]〔dɪ'skʌvɚ〕*v.* 發現

A week later, the scientists [2](G) attempted to hypnotize the viewers.

Some *of the study participants* were *easily* hypnotized *and* [3](E) others were not.

一個星期後，科學家試圖催眠那些觀眾。有些研究參與者很容易被催眠，
　　　　　　　　　　 2
而有些則不是。
　　 3

* scientist[2] 〔'saɪəntɪst 〕 *n.* 科學家　　hypnotize 〔'hɪpnə,taɪz 〕 *v.* 催眠
  viewer[5] 〔'vjuɚ 〕 *n.* 觀眾者　　study[1] 〔'stʌdɪ 〕 *n.* 研究
  participant[5] 〔 pɑr'tɪsəpənt 〕 *n.* 參與者

2. (**G**) attempt[6] 〔 ə'tɛmpt 〕 *v.* 試圖；企圖

3. (**E**) *some…otheres* 有些…有些

While [4](**D**) *under hypnosis*, participants were told to forget the movie.
They were *then* brought *out of the hypnotic state **and*** asked to respond
to a set of yes-or-no questions about the movie [5](**A**) *with scanners*
monitoring activity in their brains.

當參與者受到催眠時，他們被告知要忘記這部電影。然後他們從催眠狀態
　　　　　　 4
中脫離出來，而且被要求對關於電影的一組是非題做出回應，同時有掃描
　　　　　　　　　　　　　　　　　　　　　　　　　　　　 5
器監測他們大腦中的活動。

* hypnotic 〔 hɪp'nɑtɪk 〕 *adj.* 催眠的　　state[1] 〔 stet 〕 *n.* 狀態
  respond to 回應　　scanner[5] 〔'skænɚ 〕 *n.* 掃描器
  monitor[4] 〔'mɑnətɚ 〕 *v.* 監測；監視　　activity[3] 〔 æk'tɪvətɪ 〕 *n.* 活動

4. (**D**) ***under hypnosis*** 受催眠；陷於催眠狀態中

5. (**A**) with + O + $\begin{cases} \text{V-ing} \\ \text{p.p.} \end{cases}$ 表「附帶狀態」，故選 (A)。

Participants *then* went through the process *a second time. Only*

this time, they were told *to remember the movie.* Brain scans showed

[6](**I) clear** differences *between people **who** [7](**B**) **succumbed to** hypnosis*

and *those **who** didn't.*

參與者隨後又經歷一次這個過程。只是這一次，他們被告知要記住這部電影。大腦掃描顯示，<u>屈服於</u>催眠的人與沒有被催眠的人之間，有<u>明顯</u>的差異。

* go through 經歷
process[3] (ˈprɑsɛs) *n.* 過程
a second time 再一次
scan[5] (skæn) *n. v.* 掃描

6. (**I**) clear[1] (klɪr) *adj.* 清楚的；明顯的

7. (**B**) succumb (səˈkʌm) *v.* 屈服 < *to* >

In general, those ***who** weren't hypnotized* showed more activity *in more*

parts of their brains [8](**C**) ***than*** *those **who** were.* **But** the people **who**

entered the trancelike state showed extra activity *in a part of the brain*

[9](**J**) *called the prefrontal cortex.*

一般來說，那些沒有被催眠的人，他們腦部較活躍的區域，<u>比</u>那些被催眠
8
的人多。但那些進入恍惚狀態的人，他們腦中有個<u>叫做</u>前額葉皮層的部分，
9
顯示出有額外的活動。

    * ***in general*** 一般而言　　enter[1] 〔ˈɛntɚ〕 *v.* 進入
　　　　trancelike〔ˈtræns͵laɪk〕 *adj.* 恍惚的
　　　　extra[2] 〔ˈɛkstrə〕 *adj.* 額外的
　　　　prefrontal〔prɪˈfrʌnt!〕 *adj.* 前額的
　　　　cortex〔ˈkɔrtɛks〕 *n.* 表皮層
　　　　prefrontal cortex 前額葉皮層

8. (**C**) 表比較，連接詞用 ***than***，選 (C)。

9. (**J**) 他們腦中「<u>叫作</u>」前額葉皮層的部分，選 (J) ***called***。

The researchers think ***that*** the prefrontal cortex might be the major

[10]**(K) *decision*** maker on ***whether*** you remember something ***or not***.

研究人員認為，前額葉皮層可能為你是否記得某些事情的主要<u>決定者</u>。
10

    * major[3] 〔ˈmedʒɚ〕 *adj.* 主要的　　　***whether…or not*** 是否

10. (**K**) decision[2] 〔dɪˈsɪʒən〕 *n.* 決定
　　　　decision maker 決策者

TEST 7

說明： 第 1 至 10 題，每題一個空格。請依文意在文章後所提供的 (A) 到 (L)
選項中分別選出最適當者。

　　Depression is one of those things that people don't
really talk about, and even when they do, it's often ___1___
they don't really understand it. The misunderstanding
___2___ due to a problem with the English language. We use
metaphors and ___3___ without even thinking about it, which
then pass into the language and we end up with the same
word having two different meanings. People say they are
"depressed" when they are feeling unhappy, but true ___4___
depression is not a short-term mood ___5___.

　　Real depression makes you feel miserable, for sure, but
unlike the cloud that descends on the average person and
___6___ just as quickly, real depression can hang around for
months or even years, ___7___ one's outlook to such an
extent that life itself seems not worth the effort. Real
depression is more than a temporary feeling of sadness. It's
more like a ___8___ with no end.

Scientists have found a relationship between depression and serotonin __9__ in the brain, so we know that it's not "all in the mind" as they used to tell us. It also means that we can look into the chemical __10__ that may be causing the problem.

(A) swing   (B) clinical   (C) levels

(D) blackening   (E) arises   (F) similes

(G) imbalances   (H) obvious   (I) tunnel

(J) lifts   (K) balances   (L) smiles

TEST 7 詳解

Depression is one *of those things that people don't really talk*
about, *and even when they do*, it's *often* [1](H) obvious *they don't really*
understand it. The misunderstanding [2](E) arises *due to a problem with*
the English language.

憂鬱症是人們沒有確實談論的事情之一，而即使談論了，顯然，他們
通常沒有真正地了解憂鬱症。誤解產生是由於英語的問題。

* depression[4] 〔 dɪ'prɛʃən 〕 *n.* 沮喪；憂鬱症
  misunderstanding[4] 〔,mɪsʌndə'stændɪŋ 〕 *n.* 誤解
  due to 由於   language[2] 〔'læŋgwɪdʒ 〕 *n.* 語言

1. (**H**) obvious[3] 〔'ɑbvɪəs 〕 *adj.* 明顯的

2. (**E**) arise[4] 〔 ə'raɪz 〕 *v.* 發生

We use metaphors *and* [3](F) similes *without even thinking about it,*
which then pass into the language and we end up with the same word
having two different meanings.

我們甚至毫不考慮地使用暗喻和明喻，然後這逐漸變成我們的表達方式，
最後，同一個字就有兩種不同的意義。

* metaphor[6] 〔ˈmɛtəfɚ〕 *n.* 隱喻；暗喻　　***pass into*** 逐漸變成
end up with 最後成爲　　meaning[2] 〔ˈminɪŋ〕 *n.* 意義

3. (**F**)　simile 〔ˈsɪməˌlɪ〕 *n.* 【修辭】直喻；明喻

People say *they are "depressed" **when** they are feeling unhappy,* **but**

true [4]**(B) clinical** depression is not a short-term mood [5]**(A) swing**.
當人們感到不開心時，他們說會說自己很「憂鬱」，但真正的臨床的憂鬱
　　　　　　　　　　　　　　　　　　　　　　　　　　　　　　4
症並不是短期的情緒波動。
　　　　　　　5

* depressed[4] 〔 dɪˈprɛst 〕 *adj.* 憂鬱的；沮喪的
short-term 〔ˌʃɔrtˈtɝm〕 *adj.* 短期的
mood[3] 〔 mud 〕 *n.* 心情；情緒

4. (**B**)　clinical[6] 〔ˈklɪnɪkl̩ 〕 *adj.* 臨床的

5. (**A**)　swing[2] 〔 swɪŋ 〕 *n.* 搖擺；(情緒的) 波動

Real depression makes you feel miserable, *for sure,* **but** *unlike the*

*cloud **that** descends on the average person* **and** [6]**(J) lifts** *just as quickly,*

real depression can hang *around for months* **or** *even years,*

[7]**(D) blackening** *one's outlook to such an extent **that** life itself seems not*

worth the effort.

　　眞正的憂鬱症當然會讓你感到很悲慘，但不同於一般人被烏雲籠罩，然後又快速<u>消散</u>，眞正的憂鬱症可能會持續數月，甚至數年，<u>使</u>一個人的
　　　　　　　　6　　　　　　　　　　　　　　　　　　　　　　　　7
想法<u>變得暗淡悲觀</u>，暗淡到似乎不值得努力過生活的程度。
　　　7

* real¹〔'riəl〕 adj. 眞正的
  miserable⁴〔'mɪzərəbl̩〕 adj. 悲慘的
  for sure 當然 (= *of course*)
  unlike¹〔ʌn'laɪk〕 prep. 不像
  cloud¹〔klaud〕 n. 烏雲；(引起不愉快的) 陰霾；陰影
  descend⁶〔dɪ'sɛnd〕 v. 下降；突然襲擊；突然拜訪 < *on* >
  average³〔'ævərɪdʒ〕 adj. 一般的
  hang around 徘徊；逗留
  outlook⁶〔'aut,luk〕 n. 看法；見解
  extent⁴〔ɪks'tɛnt〕 n. 程度
  worth²〔wɝθ〕 adj. 值得…
  effort²〔'ɛfət〕 n. 努力

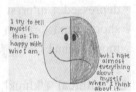

6. (**J**) lift¹〔lɪft〕 v. (雲、霧等) 消散

7. (**D**) blacken〔'blækən〕 v. 使變黑；使變暗

Real depression is more than a temporary feeling *of sadness*. It's

more like a ⁸(**I**) <u>tunnel</u> *with no end*.

眞正的憂鬱症不僅只是暫時感覺悲傷，它更像是沒有盡頭的<u>隧道</u>。
　　　　　　　　　　　　　　　　　　　　　　　　　　　　8

* ***more than*** 不只是
  temporary³〔'tɛmpə,rɛrɪ〕 adj. 暫時的
  sadness¹〔'sædnɪs〕 n. 悲傷
  end¹〔ɛnd〕 n. 盡頭

8. (**I**) tunnel² 〔'tʌnḷ 〕*n.* 隧道

Scientists have found a relationship *between depression **and***

serotonin ⁹(C) *levels in the brain*, ***so*** we know ***that** it's not "all in the*

*mind" **as** they used to tell us.* It *also* means ***that** we can look into the*

chemical ¹⁰(G) *imbalances **that** may be causing the problem.*

　　科學家已經發現大腦中血清素的<u>含量</u>和憂鬱症之間的關係，所以我們

9
知道，這並不像他們以前告訴我們「全都在心裡」的那樣。這也意味著，
我們可以研究可能會造成問題的化學<u>不平衡</u>。

10

* scientist² 〔'saɪəntɪst 〕*n.* 科學家
  relationship² 〔 rɪ'leʃən͵ʃɪp 〕*n.* 關係
  serotonin 〔͵sɛrə'tonɪn 〕*n.* 血清素
  brain² 〔 bren 〕*n.* 大腦
  in the mind 在心中　　*look into* 調查
  chemical² 〔'kɛmɪkḷ 〕*adj.* 化學的
  cause¹ 〔 kɔz 〕*v.* 造成

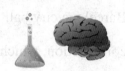

9. (**C**) level¹ 〔'lɛvḷ 〕*n.* 數量；含量

10. (**G**) imbalance³ 〔 ɪm'bæləns 〕*n.* 不平衡

TEST 8

說明： 第1至10題，每題一個空格。請依文意在文章後所提供的(A)到(L)
選項中分別選出最適當者。

The Eiffel Tower was built between 1887 and 1889

___1___ the entrance arch for the Exposition Universelle, a

World's Fair marking the ___2___ celebration of the French

Revolution. The designer Alexandre Gustave Eiffel

originally planned to build the tower in Barcelona for the

Universal Exposition of 1888, but those ___3___ at the

Barcelona city hall thought it was a strange and expensive

construction, which did not ___4___ the design of the city.

After the refusal of the Consistory of Barcelona, Eiffel

submitted his ___5___ to those responsible for the Universal

Exhibition in Paris, where he would build his tower a year

later, in 1889.

The tower was ___6___ on 31 March 1889, and opened

on 6 May. Three hundred workers ___7___ together 18,038

pieces of puddled iron (a very pure form of structural iron), using two and a half million rivets, in a structural design

by Maurice Koechlin. The risk of accident was great, for

___8___ modern skyscrapers, the tower is an open frame

without any intermediate floors except the two ___9___.

However, because Eiffel took safety ___10___, including the

use of movable stagings, guard-rails and screens, only one

man died.

(A) inaugurated   (B) fit into   (C) unlike

(D) as   (E) responsible   (F) renovate

(G) platforms   (H) joined   (I) centennial

(J) proposal   (K) revolutionary   (L) precautions

TEST 8 詳解

The Eiffel Tower was built *between 1887 and 1889* [1](D) *as the*
entrance arch for the Exposition Universelle, a World's Fair marking
the [2](I) *centennial celebration of the French Revolution.*

艾菲爾鐵塔建造於 1887 年至 1889 年之間，是法國大革命百年紀念慶
典的標誌，作為世界博覽會展覽的入口拱廊。

* Eiffel Tower〔ˋaɪf!ˋtauɚ〕*n.* 艾菲爾鐵塔
   entrance²〔ˋɛntrəns〕*n.* 入口
   arch⁴〔artʃ〕*n.* 拱門；牌樓
   exposition〔͵ɛkspəˋzɪʃən〕*n.* 展覽會；博覽會
   Exposition Universelle 1900 年巴黎世界博覽會【1900 年 4 月 15 日至
      11 月 12 日在法國巴黎舉行，主題為世紀回顧，吸引遊客超過 5,000 萬人】
   fair²〔fɛr〕*n.*（定期）集市；廟會
   World's Fair 世界博覽會【又稱國際博覽會及萬國博覽會，簡稱世博會、
      世博、萬博，是一個具國際規模的集會。參展者向世界各國展示當代的文
      化、科技和產業上正面影響各種生活範疇的成果】
   mark²〔mark〕*v.* 標誌；表示…的特徵
   celebration⁴〔͵sɛləˋbreʃən〕*n.* 慶祝活動；慶典
   French〔frɛntʃ〕*adj.* 法國的
   revolution⁴〔͵rɛvəˋluʃən〕*n.* 革命
   the French Revolution 法國大革命【1789-1799】

1. (**D**) *as the entrance arch* 作為入口拱廊

2. (**I**) centennial⁶〔sɛnˋtɛnɪəl〕*adj.* 百年的；百年紀念的

The designer *Alexandre Gustave Eiffel originally* planned to build the tower *in Barcelona for the Universal Exposition of 1888*, **but** those [3](E) *responsible at the Barcelona city hall* thought *it was a strange **and** expensive construction,* **which** *did not* [4](B) *fit into the design of the city.*

建築設計師亞歷山大‧古斯塔夫‧艾菲爾原本計劃在巴塞隆納爲 1888 年的世界博覽會建造高塔，但那些在巴塞隆納市政廳負責的人認爲，這是一個奇怪而昂貴的建築物，這不符合巴塞隆納的城市設計。

designer[3] 〔 dɪˈzaɪnɚ 〕 *n.* 設計者；構思者
Alexandre Gustave Eiffel 〔 ˌɑlɛkˈsɑndɚ gjuˈstɑv ˈaɪfḷ 〕 *n.* 亞歷山大‧
　古斯特夫‧艾菲爾
originally[3] 〔 əˈrɪdʒənḷɪ 〕 *adv.* 起初；原來
Barcelona 〔 ˌbɑrsɪˈlonə 〕 *n.* 巴塞隆納【位於西班牙東北部的城市】
universal[4] 〔 ˌjunəˈvɝsḷ 〕 *adj.* 萬國的；全世界的
city hall 市政廳；市政府大樓
construction[4] 〔 kənˈstrʌkʃən 〕 *n.* 建築物
design[2] 〔 dɪˈzaɪn 〕 *n.* 設計

con	+ struct	+ ion
together	+ *build*	+ *n.*

3. (**E**) 依句意，那些在巴塞隆納市政府「負責的」人，故選
　　(E) **responsible**[2] 〔 rɪˈspɑnsəbḷ 〕 *adj.* 負責任的；承擔責任的。

4. (**B**) 依句意，這不「符合」巴塞隆納的城市設計，故選 (B) ***fit into***。

After the refusal of the Consistory of Barcelona, Eiffel submitted his [5](J) draft *to those responsible for the Universal Exhibition in Paris*, **where** *he would build his tower a year later, in 1889.*

巴塞隆納的議會拒絕之後，艾菲爾提交他的<u>計劃</u>給在巴黎負責世界博覽會
的人，他於 1889 年在那裡建造艾菲爾鐵塔。

> * refusal[4] 〔 rɪ'fjuzl̩ 〕 *n.* 拒絕　　consistory 〔 kən'sɪstərɪ 〕 *n.* 議會
> submit[5] 〔 səb'mɪt 〕 *v.* 提交 *< to >*　　Paris 〔 'pærɪs 〕 *n.* 巴黎

5. (**J**)　proposal[3] 〔 prə'pozl̩ 〕 *n.* 計劃；提案

The tower was [6](A) inaugurated *on 31 March, 1889, **and** opened
on 6 May. Three hundred workers [7](H) joined *together* 18,038 pieces
of puddled iron (a very pure form of structural iron), *using two and a*
half million rivets, in a structural design by Maurice Koechlin.

這座塔於 1889 年 3 月 31 日<u>舉行落成典禮</u>，5 月 6 日開放。在莫里斯‧
科什林的建築設計中，300 名工人使用了二百五十萬支鉚釘，讓 18,038 塊
攪煉鐵<u>結合</u>在一起（攪煉鐵是一種非常純粹的建築用鐵）。

> * puddle 〔 'pʌdl̩ 〕 *v.* 攪煉（熔鐵）
> iron[1] 〔 'aɪən 〕 *n.* 鐵　　***puddled iron*** 攪煉鐵
> pure[3] 〔 pjʊr 〕 *adj.* 純粹的
> form[2] 〔 fɔrm 〕 *n.* 種類；類型
> structural[5] 〔 'strʌktʃərəl 〕 *adj.* 建築用的；結構性的

6. (**A**)　人們為此鐵塔「舉行落成典禮」，落成典禮是被舉行的，故選
　　　　(A) ***inaugurated***。
　　　　inaugurate[4] 〔 ɪn'ɔgjə͵ret 〕 *v.* 舉行落成典禮；舉行…的開幕典禮

7. (**H**)　join[1] 〔 dʒɔɪn 〕 *v.* 結合；連結

The risk *of accident* was great, *for* [8](C) *unlike modern skyscrapers, the tower is an open frame without any intermediate floors except for the two* [9](G) *platforms.*

因為<u>不像</u>是現代的摩天大樓，這座鐵塔是一座除了兩個<u>平台</u>，中間沒有任
     8   9

何樓層的開放結構，所以它發生事故的風險很大。

* risk[3] 〔 rɪsk 〕 *n.* 風險　　accident[3] 〔 'æksədənt 〕 *n.* 意外事故
  modern[2] 〔 'mɑdən 〕 *adj.* 現代的
  skyscraper[3] 〔 'skaɪˌskrepɚ 〕 *n.* 摩天大樓
  frame[4] 〔 frem 〕 *n.* 骨架；結構
  intermediate[4] 〔 ˌɪntɚ'midɪət 〕 *adj.* 中間的
  floor[1] 〔 flor 〕 *n.* 樓層；地板　　except[1] 〔 ɪk'sɛpt 〕 *prep.* 除了…之外

sky + scrape + (e)r
天 + 摩擦 + *n.*

8. (**C**) 依句意，「不像」現代的摩天大樓，選 (A) *unlike*。

9. (**G**) platforms[2] 〔 'plætˌfɔrmz 〕 *n. pl.* 平台；台

However, **because Eiffel took safety** [10](L) *precautions, including the use of movable stagings, guard-rails **and** screens,* only one man died.

然而，因為艾菲爾採取了包括使用可移動的鷹架、護欄，以及隔板的安全
<u>預防措施</u>，所以只有一個人死亡。
10

* safety[2] 〔 'seftɪ 〕 *n.* 安全　　including[4] 〔 ɪn'kluʒɪŋ 〕 *prep.* 包括
  movable[2] 〔 'muvəbl̩ 〕 *adj.* 可移動的
  staging[2] 〔 'stedʒɪŋ 〕 *n.* 鷹架；工作台
  guard-rail 〔 'gɑrdˌrel 〕 *n.* 護欄　　screen[2] 〔 skrin 〕 *n.* 隔板

10. (**L**) precautions[5] 〔 prɪ'kɔʃənz 〕 *n. pl.* 預防措施
  take precautions 採取預防措施

TEST 9

說明： 第 1 至 10 題，每題一個空格。請依文意在文章後所提供的 (A) 到 (L)
選項中分別選出最適當者。

Nowadays, more and more coaches across the world are
taking their swimmers __1__ a group visualization exercise as
well as the routine training session. In fact, to visualize means
to vividly imagine a __2__ swim in your mind, each and
every day. You need to become as strong __3__ as you are
physically. Mental muscles need just as much regular exercise
as physical muscles, or they will become lazy and __4__.
However, in order to make your visualization totally effective,
you must tailor it to suit your needs perfectly. During the
weeks before each meet, for example, vividly imagine
swimming a fabulous time in that __5__ pool, seeing it all
__6__ it was truly happening right here and now. This is also
known __7__ "mental __8__." So if possible, always try
and get a look at the pool you are going to be competing in.
Before that, just imagine __9__ successful there without using
any specific details about the pool's appearance. Then, try and
arrive early for the __10__ so that you can get a good look at
the pool before the race—and then go out to the car and do
another visualization session for 10 minutes.

(A) being   (B) flawless   (C) undisciplined   (D) very
(E) through   (F) as   (G) mentally   (H) meet
(I) as if   (J) rehearsal   (K) discipline   (L) as well

TEST 9 詳解

Nowadays, more ***and*** more coaches *across the world* are taking
their swimmers [1](E) *through a group visualization exercise* ***as well as***
the routine training session.

　　現在世界各地有越來越多的教練，通過集體視覺化的練習和例行訓練
課程，帶領他們的游泳選手。

* nowadays[4] (ˈnaʊəˌdez) *adv.* 現今　　***more and more*** 越來越多的
coach[2] (kotʃ) *n.* 教練　　***across the world*** 在全世界
swimmer[1] (ˈswɪmɚ) *n.* 游泳者　　group[1] (grup) *adj.* 集體的
visualization[6] (ˌvɪʒʊəlaɪˈzeʃən) *n.* 視覺化想像
as well as 以及　　routine[3] (ruˈtin) *adj.* 例行的　　*n.* 例行公事
session[6] (ˈsɛʃən) *n.* (授課) 時間
training session (一堂) 訓練課

1. (**E**) through[2] (θru) *prep.* 通過；經歷；體驗

In fact, to visualize means to *vividly* imagine a [2](B) flawless swim
in your mind, each ***and*** *every day.* You need to become *as* strong
[3](G) *mentally* ***as*** *you are physically.*

事實上，視覺化想像的意思是，每天都在你的腦海中生動地想像一趟完美
無缺的游泳。在心理上必須變得和身體上一樣強壯。

* ***in fact*** 事實上　　visualize[3] (ˈvɪʒʊəlˌaɪz) *v.* 視覺化；想像
vividly[3] (ˈvɪvɪdlɪ) *adv.* 生動地；逼眞地

imagine[2] 〔ɪˋmædʒɪn〕 v. 想像　　swim[1]〔swɪm〕 n. v. 游泳
each and every day 每天【each day 或 every day 的強調用法】
physically[4]〔ˋfɪzɪkḷɪ〕 adv. 身體上

2. (**B**) flawless〔ˋflɔlɪs〕 adj. 無瑕疵的；完美無缺的
　　　　【flaw[5]〔flɔ〕 n. 瑕疵】

3. (**G**) mentally[3]〔ˋmɛntḷɪ〕 adv. 心理上

Mental muscles need *just as* much regular exercise *as physical muscles*, *or* they will become lazy *and* [4](C) undisciplined. *However, in order to make your visualization totally effective*, you must tailor it to suit your needs perfectly.

心理肌肉跟身體肌肉一樣，需要規律的運動，否則就會變得懶惰而沒有紀
律。然而，為了要使你的視覺化想像徹底有效，你必須將它調整到完全符
合你的需求。

* mental[3]〔ˋmɛntḷ〕 adj. 心理的　　muscle[3]〔ˋmʌsḷ〕 n. 肌肉
regular[2]〔ˋrɛgjələ〕 adj. 定期的　　physical[4]〔ˋfɪzɪkḷ〕 adj. 身體的
lazy[1]〔ˋlezɪ〕 adj. 懶惰的　　***in order to V.*** 為了⋯
totally[1]〔ˋtotḷɪ〕 adv. 完全地；徹底地
effective[3]〔əˋfɛktɪv〕 adj. 有效的
tailor[3]〔ˋtelə〕 v. 使適合；調整　　n. 裁縫師
suit[2]〔sut〕 v. 適合；合乎　　need[1]〔nid〕 n. 需求
perfectly[2]〔ˋpɝfɪktlɪ〕 adv. 完全地；完美無缺地

4. (**C**) undisciplined〔ʌnˋdɪsə͵plɪnd〕 adj. 無紀律的；無訓練的
　　　　【discipline[4]〔ˋdɪsə͵plɪn〕 n. 紀律　　v. 訓練】

During the weeks before each meet, for example, vividly imagine

swimming a fabulous time *in that* **[5](D)** *very pool, seeing it all* **[6](I)** *as if*

it was truly happening right here **and** *now.* This is *also* known **[7](F)** *as*

"*mental* **[8](J)** *rehearsal.*"

例如，在每一場比賽前的幾個禮拜期間，生動地想像，正是在那個游泳池
　　　　　　　　　　　　　　　　　　　　　　　　　5
裡，你游出很棒的成績，經歷了一切就好像眞的此時此地正在發生一樣。
　　　　　　　　　　　　　　　　　　　　6
這也被稱爲「內心演練」。
　　7　　　8

* meet[1] ﹝ mit ﹞ *n.* 比賽；競賽大會
　fabulous[6] ﹝ˈfæbjələs﹞ *adj.* 很棒的；極好的
　right[1] ﹝ raɪt ﹞ *adv.* 正好；就　　***here and now*** 此時此地

5. (**D**) 要加強動詞的語氣，可用助動詞 do, did, does；而加強名詞的語
　　氣，則是用 ***very***，故選 (D)。　　very[1] ﹝ˈvɛrɪ﹞ *adj.* 正是；就是

6. (**I**) ***as if*** 就好像

7. (**F**) ***be known as*** 被稱爲

8. (**J**) rehearsal[4] ﹝ rɪˈhɝsl̩ ﹞ *n.* 預演；排練
　　mental rehearsal 內心演練

So if *possible, always* try **and** get a look at the pool *you are going to*

be competing in. Before that, just imagine **[9](A)** *being* successful *there*

without using any specific details about the pool's appearance.

所以，如果可能的話，一定要試著去看一眼你要在裡面比賽的游泳池。在那之前，不用去想游泳池外觀特定的細節，只要想像在那裡是成功獲勝的就好。

⁹

> ** **if possible*** 如果可能的話 (= *if it is possible*)
> ***try and get a look at*** 試著去看一眼 (= *try to get a look at*)
> pool[1] 〔 pul 〕*n.* 游泳池 (= *swimming pool*)
> compete[2] 〔 kəm'pit 〕*v.* 競爭
> specific[3] 〔 spɪ'sɪfɪk 〕*adj.* 特定的
> detail[3] 〔'ditel 〕*n.* 細節
> appearance[2] 〔 ə'pɪrəns 〕*n.* 外表；外觀

9. (**A**) imagine 後面須接名詞或動名詞，imagine + N. / V-ing
「想像…」，依句意，空格應填 be 動詞，故選 (A) ***being***。

Then, try ***and*** arrive *early for the* [10]**(H) meet** *so that you can get a good*

*look at the pool before the race—**and** then go out to the car **and** do*

another visualization session for 10 minutes.

然後，<u>比賽</u>試著早點到，以便可以在比賽前，好好看一下游泳池——然後
¹⁰
再出去外面自己的車上，再做一次十分鐘的視覺化想像。

> ** **try and arrive early*** 盡量早點到 (= *try to arrive early*)
> ***so that*** 以便於　　good[1] 〔 gud 〕*adj.* 充分的；十足的
> ***get a good look at*** 好好看一眼
> race[1] 〔 res 〕*n.* 競賽　　***and then*** 然後
> ***do another visualization session*** 再做一次視覺化想像

10. (**H**) meet[1] 〔 mit 〕*n.* 比賽；競賽大會

TEST 10

說明： 第 1 至 10 題，每題一個空格。請依文意在文章後所提供的 (A) 到 (L) 選項中分別選出最適當者。

　　Highland cattle are an ancient Scottish breed of cattle with long horns and shaggy pelts. The breed was developed in the Highlands and western coastal ___1___ of Scotland, and breeding stock has been exported to Australia and North America since the 1900s. The breed was developed from ___2___ sets of stock, one originally black, and the other reddish. Today, Highland cattle ___3___ a wide variety of colors.

　　Highlands are known as a ___4___ breed (most likely ___5___ the rugged nature of their native Scottish Highlands), which eats plants other cattle avoid. The meat ___6___ be leaner than most beef, as highlands get most of their insulation from their thick shaggy hair ___7___ subcutaneous fat. This coat also makes them a good breed for cold Northern climates.

Highland cattle were the earliest ___8___ breed, with the registry established in 1884.. The breed is known as "shaggy coos" or "hairy coos" in parts of Scotland.

Notably, Highland cattle were ___9___ developed in the Italian Dolomites, in wide open areas. Their hair provides protection during the cold winters, and their skill in browsing for food is also important in order to survive in such a ___10___ mountain area.

(A) steep   (B) registered   (C) rather than
(D) successfully   (E) regions   (F) two
(G) due to   (H) hardy   (I) tends to
(J) come in   (K) occupied   (L) sketch

TEST 10 詳解

Highland cattle are an ancient Scottish breed *of cattle with long*

*horns **and** shaggy pelts.* The breed was developed *in the Highlands*

and** western coastal* [1](E) regions *of Scotland*, ***and breeding stock has

been exported *to Australia **and** North America since the 1900s.*

　　高地牛是古老的蘇格蘭品種，有長長的角和長滿粗毛的皮。該品種在蘇格蘭的高地和西部海岸地區被培育，而自 1900 年代以來，種畜已經出口至澳洲和北美洲。

　　* highland〔'haɪlənd〕*n*.（蘇格蘭）高地　　*adj.* 蘇格蘭高地特有的
　　cattle[3]〔'kætl̩〕*n*. 牛
　　Highland cattle 蘇格蘭高地牛【又稱爲 kyloe。源於蘇格蘭高地的
　　　　一種家牛品種，有長角與長毛，現在澳洲跟北美洲也有飼養】
　　ancient[2]〔'enʃənt〕*adj.* 古代的　　Scottish〔'skɑtɪʃ〕*adj.* 蘇格蘭的
　　breed[4]〔brid〕*n*.（經人工培育的）品種
　　horn[3]〔hɔrn〕*n*.（牛、羊的）角　　shaggy〔'ʃægɪ〕*adj.* 長滿粗毛的
　　pelt〔pɛlt〕*n*.（動物的）生皮；毛皮
　　develop[2]〔dɪ'vɛləp〕*v*. 培養；培育
　　coastal[1]〔'kostl̩〕*adj.* 海岸的
　　breeding[4]〔'bridɪŋ〕*adj.* 繁殖的　　stock[5,6]〔stɑk〕*n*. 家畜
　　breeding stock 種畜【指爲獲得優良仔畜而專供繁殖用的牲畜】
　　export[3]〔ɪks'port〕*v*. 出口　　Australia〔ɔ'streljə〕*n*. 澳洲
　　the 1900s 1900 年代【指 1900～1910 年】

1.（**E**）region[2]〔'ridʒən〕*n*. 地區

The breed was developed *from* [2](F) *two sets of stock, one originally black, and the other reddish.* *Today*, Highland cattle [3](J) come in a wide variety of colors.

此品種是由兩種家畜培育而成，一種是原來的黑色，而另一種是則略帶紅色。現在，高地牛有各式各樣的顏色。

   * set[1]〔 sɛt 〕*n.* 一組　　originally[3]〔 ə'rɪdʒənḷɪ 〕*adv.* 本來
   reddish〔'rɛdɪʃ 〕*adj.* 略紅的　　*a variety of* 各式各樣的

2. (**F**)　依句意，此品種被培養成「兩」種家畜，故選 (F) *two*。

3. (**J**)　*come in* 有…（形狀、尺寸、顏色…等）

Highlands are known as a [4](H) hardy breed (*most likely* [5](G) *due to the rugged nature of their native Scottish Highlands*), *which eats plants other cattle avoid.*

高地牛是以強壯的品種為人所熟知（很可能是因為牠們的出生地蘇格蘭高地崎嶇不平的特性），牠們吃其他牛避吃的植物。

   * Highlands〔'haɪ,lændz 〕*n. pl.* 高地牛（ = *Highland cattle* ）
   be known as 以…（身份、名稱）著稱；被稱為
   rugged[5]〔'rʌgɪd 〕*adj.* 崎嶇的；凹凸不平的
   nature[1]〔'netʃə 〕*n.* 特質；特性
   native[3]〔'netɪv 〕*adj.* 本土的；出生地的
   plant[1]〔 plænt 〕*n.* 植物　　avoid[2]〔 ə'vɔɪd 〕*v.* 避免；避開

4. (**H**)　hardy〔'hardɪ 〕*adj.* 能吃苦耐勞的；強壯的；強健的

5. (**G**) *due to* 因為；由於

The meat [6](**I**) tends to be leaner *than most beef*, *as highlands get*

most of their insulation from their thick shaggy hair [7](**C**) *rather than*

subcutaneous fat. This coat *also* makes them a good breed *for cold*

Northern climates.

牠們的肉質傾向比大多數的牛肉要瘦，因為高地牛隔絕冷天氣是用牠們
6
厚厚的粗毛，而不是皮下脂肪。這種毛皮也使他們成為寒冷北方氣候的
7
好品種。

* meat[1] 〔 mit 〕 *n.* 肉   lean[4] 〔 lin 〕 *adj.* 瘦的；無脂肪的
  beef[2] 〔 bif 〕 *n.* 牛肉   insulation 〔͵ɪnsə'leʃən 〕 *n.* 隔絕
  hair[1] 〔 hɛr 〕 *n.* 毛
  subcutaneous 〔 sʌb͵kju'tenɪəs 〕 *adj.* 皮下的
  fat[1] 〔 fæt 〕 *n.* 脂肪   *subcutaneous fat* 皮下脂肪
  coat[1] 〔 kot 〕 *n.* 毛；皮；覆蓋物
  make[1] 〔 mek 〕 *v.* 使成為   climate[2] 〔'klaɪmɪt 〕 *n.* 氣候

insul + ation
  | |
island + *n.*

6. (**I**) *tend to V.* 易於；傾向於

7. (**C**) *rather than* 而不是

Highland cattle were the earliest [8](**B**) registered breed, *with the*

registry established in 1884. The breed is known as "shaggy coos"

or "hairy coos" *in parts of Scotland.*

高地牛是最早附有血統證明登記的品種，這種登記制度於 1884 年確
立。該品種在蘇格蘭的部分地區被稱為「粗曠的牛」或「毛茸茸的牛」。

* registry[4]（ˈrɛdʒɪstrɪ）n. 登記　establish[4]（əˈstæblɪʃ）v. 建立；確立
  fold[3]（fold）n. 羊群　coo（ku）n. 牛【蘇格蘭語】（= cow）
  hairy[1]（ˈhɛrɪ）adj. 多毛的　Scotland（ˈskɑtlənd）n. 蘇格蘭

8.（ **B** ）registered[4]（ˈrɛdʒɪstəd）adj. 登記過的；（動物）附有血統證明的

Notably, Highland cattle were [9]**(D)** *successfully* developed *in the*

Italian Dolomites, in wide open areas. Their hair provides protection

during the cold winters, **and** their skill *in browsing for food* is *also*

important *in order to survive in such a* [10]**(A)** *steep mountain area.*

值得注意的是，高地牛在義大利多洛米蒂山脈廣闊的地區被培育成功。
牠們的毛在寒冷的冬天提供保護，而牠們尋找食物的技能，對於在這麼陡
峭的山區裡生存，也很重要。

* notably[5]（ˈnotəblɪ）adv. 顯著地；值得注意地
  Italian（ɪˈtæljən）adj. 義大利的
  Dolomites（dɑləˈmitɪs）n. 多勒米蒂山脈　wide open 開闊的
  area[1]（ˈɛrɪə , ˈerɪə）n. 地區　provide[2]（prəˈvaɪd）v. 提供
  protection[3]（prəˈtɛkʃən）n. 保護　skill[1]（skɪl）n. 技能；技術
  browse[5]（ˈbrɑʊz）v.（牲畜）吃（草、葉）< on >；瀏覽；隨意觀看
  survive[2]（sɚˈvaɪv）v. 存活

9.（ **D** ）successfully[2]（səkˈsɛsfəlɪ）adv. 成功地

10.（ **A** ）steep[3]（stip）adj. 陡峭的

TEST 11

說明：　第 1 至 10 題，每題一個空格。請依文意在文章後所提供的 (A) 到 (L)
　　　　選項中分別選出最適當者。

　　It is ___1___ that children who ___2___ to school by car
have a higher risk of obesity than those that walk or cycle
to school. Surprisingly, driving your youngsters to the
gates could also cause their academic work to ___3___.
According to a joint study by researchers at two Danish
universities, children who were driven to school, or who
took public transport performed less well in a test
measuring concentration levels than those who took a
more active form of transportation ___4___ walking or
cycling.

　　The results ___5___ the researchers, as their hypothesis
originally focused on the ___6___ of eating breakfast and
lunch on pupils' ability to concentrate. However, the
results revealed that having breakfast and lunch did have
an impact, but not very much ___7___ having exercised.

The exercise one used to transport oneself to school was reflected in the level of concentration one had four hours ___8___. For example, if a third-grade pupil biked to school, his or her ability to concentrate was ___9___ to that of others half a year further in their studies. True, most people know the feeling of being refreshed after having exercised, but it is surprising that the effect can ___10___ for so long.

(A) equivalent   (B) surprised   (C) suffer

(D) such as   (E) common sense   (F) effects

(G) shuttle   (H) last   (I) compared to

(J) later   (K) though   (L) therefore

TEST 11 詳解

It is [1](E) common sense *that* children *who* [2](G) *shuttle* to school *by car* have a higher risk *of obesity* **than** those **that** walk **or** cycle to school. *Surprisingly*, driving your youngsters *to the gates* could *also* cause their academic work to [3](C) suffer.

搭汽車上下學的孩子，比那些走路或騎腳踏車上學的孩子，有更高的
　　2
肥胖風險，這是常識。令人驚訝的是，開車送你的小孩到大門口，也可能
　　　　　　1
造成他們學業變糟。
　　　　3

* risk[3] ﹝ rɪsk ﹞ *n.* 風險　　obesity ﹝ o'bisətɪ ﹞ *n.* 肥胖
 cycle[3] ﹝ 'saɪkl̩ ﹞ *v.* 騎腳踏車
 surprisingly[1] ﹝ sə'praɪzɪŋlɪ ﹞ *adv.* 令人驚訝的是
 drive sb. 開車載某人
 youngster[3] ﹝ 'jʌŋstɚ ﹞ *n.* 年輕人；小孩子
 gate[2] ﹝ get ﹞ *n.* 大門　　cause[1] ﹝ kɔz ﹞ *v.* 造成
 academic[4] ﹝ ˌækə'dɛmɪk ﹞ *adj.* 學術的
 academic work 學業

1. (**E**) *common sense* 常識
　　【common[1] ﹝ 'kɑmən ﹞ *adj.* 常見的　　sense[1] ﹝ sɛns ﹞ *n.* 觀念】

2. (**G**) shuttle[4] ﹝ 'ʃʌtl̩ ﹞ *v.* 短程穿梭般往返

3. (**C**) suffer[3] ﹝ 'sʌfɚ ﹞ *v.* 受到傷害；變糟

According to a joint study by researchers at two Danish universities,

*children **who** were driven to school, **or who** took public transport*

*performed less well in a test measuring concentration levels **than** those*

who** took a more active form of transportation* [4]**(D)** *such as walking **or

cycling.

根據丹麥兩所大學研究人員的聯合研究，被車接送或乘坐大眾運輸工具到學校的孩童，在評量專心程度的測試中，表現不如那些採取更主動交通方式的孩童，例如步行或騎自行車。
　　　　　　4

* joint[2]〔dʒɔɪnt〕*adj.* 聯合的　　researcher[4]〔rɪˈsɜtʃɚ〕*n.* 研究人員
Danish〔ˈdenɪʃ〕*adj.* 丹麥的　　university[4]〔junəˈvɜsətɪ〕*n.* 大學
public[1]〔ˈpʌblɪk〕*adj.* 公共的
transport[3]〔trænsˈport〕*n.* 運輸工具；運輸系統　*v.* 運送
perform[3]〔pɚˈfɔrm〕*v.* 表現　　measure[2,4]〔ˈmɛʒɚ〕*v.* 測量；估量
concentration[4]〔ˌkɑnsṇˈtreʃən〕*n.* 專心　　level[1]〔ˈlɛvḷ〕*n.* 程度
active[2]〔ˈæktɪv〕*adj.* 主動的；活躍的　　form[2]〔fɔrm〕*n.* 形式
transportation[4]〔ˌtrænspɚˈteʃən〕*n.* 交通運輸；運輸工具

4.（**D**）*such as* 像是；例如

The results [5]**(B)** surprised *the researchers,* **as** *their hypothesis*

originally focused on the [6]**(F)** effects *of eating breakfast **and** lunch on*

pupils' ability to concentrate.

這研究結果令研究人員感到驚訝，因為他們的假設原本專注於吃早餐
　　　　　　5　　　　　　　　　　　　5
和午餐，對學生的專注力的影響。
　　　　　　　　　　6

* result[2] 〔 rɪ'zʌlt 〕 n. 結果　　hypothesis 〔 haɪ'pɑθəsɪst 〕 n. 假設
originally[3] 〔 ə'rɪdʒənlɪ 〕 adv. 原本；最初　　*focus on* 專注於
pupil[2] 〔'pjupḷ 〕 n. (中、小學的) 學生　　ability[2] 〔 ə'bɪlətɪ 〕 n. 能力
concentrate[4] 〔'kɑnsṇ,tret 〕 v. 集中；專心

5. (**B**)　surprise[1] 〔 sə'praɪz 〕 v. 使驚訝

6. (**F**)　effect[2] 〔 ɪ'fɛkt 〕 n. 影響 < *on* >

However, the results revealed *that* having breakfast *and* lunch did have
an impact, *but* not very much [7]**(I)** compared to having exercised.　The
exercise *one used to transport oneself to school* was reflected *in the*
level of concentration one had four hours [8]**(J)** later.

然而，研究結果顯示，吃早餐和午餐確實有影響，但和做運動的影響相比，
　　　　　　　　　　　　　　　　　　　　　　　　　　　　　　7
並不是很大。自己上學的運動所造成的影響，在四小時之後反應在孩童的
　　　　　　　　　　　　　　　　　　　　　　　　　　　　8
專心程度上。

* reveal[3] 〔 rɪ'vil 〕 v. 顯示　　have[1] 〔 hæv 〕 v. 吃
impact[4] 〔'ɪmpækt 〕 n. 影響　　exercise[2] 〔'ɛksə,saɪz 〕 v. n. 運動
reflect[4] 〔 rɪ'flɛkt 〕 v. 反映

7. (**I**)　*compared to* 與…相比

8. (**J**)　later[1] 〔'letɚ 〕 adv. 後來；…以後　　*four hours later* 四小時後

*For example, **if** a third-grade pupil biked to school*, his **or** her ability *to concentrate* was [9](A) *equivalent to **that** of others half a year further in their studies*.

例如，如果一個三年級學生騎腳踏車到學校，他或她的專注力相當於其他人多唸半年書的學生的專注力。
9

> * grade[2] 〔 gred 〕 *n.* 年級
> bike[1] 〔 baɪk 〕 *v.* 騎腳踏車
> further[2] 〔'fɜðə 〕 *adv.* 更進一步地
> studies[1] 〔'stʌdɪz 〕 *n. pl.* 學業

9. (**A**) equivalent[4] 〔 ɪ'kwɪvələnt 〕 *adj.* 相等的 < *to* >

True, most people know the feeling *of being refreshed after having exercised*, **but** it is surprising **that** the effect can [10](H) *last for so long.*

確實，大多數人都知道在運動後神清氣爽的感覺，但令人驚訝的是，運動的效果可以持續這麼長的時間。
10

> * true[1] 〔 tru 〕 *adv.* 真實地；確實地
> refresh[4] 〔 rɪ'frɛʃ 〕 *v.* 使提神；使神清氣爽
> effect[2] 〔 ɪ'fɛkt 〕 *n.* 效果

10. (**H**) last[1] 〔 læst 〕 *v.* 持續

TEST 12

說明： 第1至10題，每題一個空格。請依文意在文章後所提供的(A)到(L)
選項中分別選出最適當者。

　　Workers at a BMW plant in Germany have been given
3D-printed "super-thumbs" to reduce stress on their joints
when they are ___1___ car parts. Each custom-made thumb
protector is created ___2___ by measuring the worker's hand
in a mobile scanner. It ___3___ like a second skin over the
worker's thumb, letting it move ___4___. But it becomes
rigid when straightened, allowing the thumb to press down
firmly but with ___5___ strain put on the joint.

　　The super-thumbs are being tested in the Munich
factory, in ___6___ with the Department of Ergonomics at
the Technical University of Munich, on the part of the line
that fits rubber plugs to engines. "These have to be pressed
in with the thumb," a BMW representative said. "Even for
people with ___7___ hand muscles, the movement ___8___ a
certain effort." BMW said the use of the technology was

part of its efforts to offer the "best possible support" to workers. Professor Peter Buckle, head of the Robens Center for Health Ergonomics at the University of Surrey in Guildford, said: "We would welcome anything that is worker-focused, but I would say that this is probably only __9__ one part of a complex problem. There are many things that can cause stress like this, including __10__ and the number of times they do a task."

(A) less   (B) assembling   (C) fits

(D) posture   (E) addressing   (F) freely

(G) individually   (H) strong   (I) partnership

(J) requires   (K) fix   (L) stumbling

TEST 12 詳解

Workers *at a BMW plant in Germany* have been given 3D-printed

"super-thumbs" *to reduce stress on their joints **when** they are*

[1]**(B)** *assembling car parts.*

　　德國寶馬工廠的員工，在<u>裝配</u>汽車零部件時，已經使用 3D 列印出來的
　　　　　　　　　　　　1
「超級拇指」來減少他們關節的壓力。

* worker[1] 〔'wɜkɚ〕 *n.* 工人　　　plant[1] 〔 plænt 〕 *n.* 工廠
　Germany 〔'dʒɜmənɪ 〕 *n.* 德國　　print[1] 〔 prɪnt 〕 *v.* 刻印
　thumb[2] 〔 θʌm 〕 *n.* 拇指　　　reduce[3] 〔 rɪ'djus 〕 *v.* 減少
　stress[2] 〔 strɛs 〕 *n.* 壓力　　joint[2] 〔 dʒɔɪnt 〕 *n.* 關節

1. (**B**)　assemble[4] 〔 ə'sɛmbl̩ 〕 *v.* 裝配；集合

Each custom-made thumb protector is created [2]**(G)** *individually by*

measuring the worker's hand in a mobile scanner. It [3]**(C)** *fits like a*

second skin over the worker's thumb, letting it move [4]**(F)** *freely.*

每個客製化的拇指保護器，都是透過移動掃描器，去測量工作人員的手，
而<u>個別</u>創造的。它<u>貼合</u>得就像另一層皮膚一樣在工作人員的拇指上，可以
　　2　　　　　　3
讓拇指<u>自由</u>地移動。
　　　4

* custom[2]〔'kʌstəm〕*n.* 習俗；顧客　*adj.* 訂做的；訂製的
custom-made *adj.* 客製化的；量身訂做的
protector[2]〔prə'tɛktɚ〕*n.* 保護器
create[2]〔krɪ'et〕*v.* 創造　　measure[2,4]〔'mɛʒɚ〕*v.* 測量
mobile[3]〔'mobɪl〕*adj.* 移動式的
scanner[5]〔'skænɚ〕*n.* 掃描機
a second 另一個（= *another*[1]）
skin[1]〔skɪn〕*n.* 皮膚

2.（**G**）individually[3]〔ˌɪndə'vɪdʒʊəlɪ〕*adv.* 個別地

3.（**C**）fit[2]〔fɪt〕*v.* 適合；（合）身；貼（身）

4.（**F**）freely[1]〔'frilɪ〕*adj.* 自由地

But it becomes rigid ***when*** *straightened, allowing the thumb to press*

down firmly ***but*** *with* [5]**(A)** *less strain put on the joint.*

可是它被弄直時會變得僵硬，讓拇指能夠穩固地按壓，但施加於關節上的
壓力會<u>比較小</u>。
　　　　5

* rigid[5]〔'rɪdʒɪd〕*adj.* 堅硬的
straighten[5]〔'stretn〕*v.* 使變直
allow[1]〔ə'laʊ〕*v.* 允許；讓　　press[2]〔prɛs〕*v.* 壓
firmly[2]〔'fɝmlɪ〕*adv.* 穩固地
strain[5]〔stren〕*n.* 壓力（= *pressure*[3]）

5.（**A**）依句意，施加於關節上的壓力會「比較小」，選 (A) *less*。

The super-thumbs are being tested *in the Munich factory, in*

[6] **(I)** *partnership with the Department of Ergonomics at the Technical*

*University of Munich, on the part of the line **that** fits rubber plugs to*

engines.

超級拇指正在慕尼黑工廠裡進行測試，這是與慕尼黑科技大學的人體
工程學系<u>合作</u>，該部分生產線是在安裝引擎上的橡膠塞。
6

* test[2] 〔 tɛst 〕 *v.* 測試　　Munich 〔'mjunɪk 〕 *n.* 慕尼黑
factory[1] 〔'fæktərɪ 〕 *n.* 工廠
department[2] 〔 dɪ'pɑrtmənt 〕 *n.* 系
ergonomics 〔ˌɜgə'nɑmiks 〕 *n.* 人體工程學
technical[3] 〔'tɛknɪkḷ 〕 *adj.* 技術的
university[4] 〔ˌjunə'vɜsətɪ 〕 *n.* 大學　　line[1] 〔 laɪn 〕 *n.* 生產線
fit[2] 〔 fɪt 〕 *v.* 安裝 < *to* >　　rubber[1] 〔'rʌbɚ 〕 *adj.* 橡膠製的
plug[3] 〔 plʌg 〕 *n.* 塞子　　engine[3] 〔'ɛndʒən 〕 *n.* 引擎

6. (**I**) partnership[4] 〔'pɑrtnɚˌʃɪp 〕 *n.* 合作關係
　　　 in partnership with 與…合作

"These have to be pressed in *with the thumb*," a BMW representative

said. "*Even for people with* [7]**(H)** *strong hand muscles*, the movement

[8]**(J)** <u>requires</u> a certain effort."

「這些都必須用拇指按下，」一位寶馬汽車的代表說。「即使對於手部肌肉<u>強壯</u>的人來說，這動作也<u>需要</u>某種程度的力道。」
₇　　　　　　　₈

* representative³ ﹝ˏrɛprɪˈzɛntətɪv﹞ *n.* 代表
  muscle³ ﹝ˈmʌsḷ﹞ *n.* 肌肉　　movement¹ ﹝ˈmuvmənt﹞ *n.* 動作
  certain¹ ﹝ˈsɝtn̩﹞ *adj.* 某種（或一定）程度的
  effort² ﹝ˈɛfət﹞ *n.* 努力

7. (**H**) strong¹ ﹝strɔŋ﹞ *adj.* 強壯的

8. (**J**) require² ﹝rɪˈkwaɪr﹞ *v.* 需要

BMW said *the use of the technology was part of its efforts to offer the*

"best possible support" to workers.

寶馬公司說，使用該技術是他們努力為員工提供「盡可能最好的支持」的一部分。

* technology³ ﹝tɛkˈnɑlədʒɪ﹞ *n.* 科技
  offer² ﹝ˈɔfə﹞ *v.* 提供　　support² ﹝səˈport﹞ *n.* 支持

Professor Peter Buckle, *head of the Robens Center for Health*

Ergonomics at the University of Surrey in Guildford, said: "We would

welcome anything ***that*** *is worker-focused,* ***but*** *I would say* ***that*** *this is*

probably only ⁹(**E**) *addressing one part of a complex problem.*

在吉爾福德的薩里大學，羅賓斯健康人體工程學中心的主任彼得·巴克教授說：「我們歡迎任何對員工有好處的事情，但我想說這可能只<u>應付</u>了複雜問題的一部分。

9

* professor⁴〔 prəˈfɛsɚ 〕 *n.* 教授
  Peter Buckle〔ˈpitɚ ˈbʌkḷ〕 *n.* 彼得·巴克
  head¹〔 hɛd 〕 *n.* 負責人；領導人
  Robens〔ˈrobɪnz 〕 *n.* 羅本斯　　Surrey〔ˈsɝɪ 〕 *n.* 薩里郡【英國南部】
  Guildford〔ˈgɪlfəd 〕 *n.* 吉爾福德【在英國南部薩里郡的一個區】
  worker-focused　 *adj.* 以員工為中心的；對員工有好處的
  　(= *good for the workers*)
  probably³〔ˈprɑbəblɪ 〕 *adv.* 可能
  complex³〔ˈkɑmplɛks 〕 *adj.* 複雜的

9. (**E**)　address¹〔 əˈdrɛs 〕 *v.* 應付；處理

There are many things ***that*** *can cause stress like this*, *including*

¹⁰(**D**) *posture* ***and*** *the number of times they do a task.*"

有很多事情會導致這樣的壓力，包括<u>姿勢</u>和做某個工作的次數。」

10

* cause¹〔 kɔz 〕 *v.* 導致；造成
  including⁴〔 ɪnˈkludɪŋ 〕 *prep.* 包括
  time¹〔 taɪm 〕 *n.* 次　　 ***the number of times*** 次數
  task²〔 tæsk 〕 *n.* 工作；任務

10. (**D**)　posture⁶〔ˈpɑstʃɚ 〕 *n.* 姿勢

TEST 13

說明：第 1 至 10 題，每題一個空格。請依文意在文章後所提供的 (A) 到 (L) 選項中分別選出最適當者。

Online reputation management is a new prospering field. More and more companies fall ___1___ to harsh online criticism as Internet review sites are free from responsibility under federal law. When businesses are ___2___ by bad reviews, the last thing they should do is to fight back and take a defensive stance. A refutation only ends up spreading the unfavorable reviews more ___3___. An alternative strategy proposed by reputation management consultants is to pour in more ___4___ reviews. When flattering contents show up higher on Google search lists, those old and damaging reviews become ___5___.

One consultant notes that it is the one angry customer that goes online while the other 99 happy customers are lost in the picture. The job is to locate those happy customers and distribute their supportive comments so that companies can ___6___ their tainted reputation. While some reputation management companies succeed in manipulating the search results, some are sued or fined for posting fraudulent reviews. Yelp, Google, and other review sites have started to counter some ___7___ attempts to boost online ratings. Those reviews with hidden business incentives can pose a ___8___ to their credibility. Edmunds, for example, ___9___ fraud in its site and discovered 2,200 fake users. It ___10___ the suspicious activities to a reputation management company just in time to stop further wicked postings.

(A) swiftly   (B) repair   (C) invisible

(D) stung   (E) suspected   (F) fraudulent

(G) victim   (H) traced   (I) positive

(J) threat   (K) supported   (L) invincible

TEST 13 詳解

Online reputation management is a new prospering field. More *and* more companies fall **¹(G) victim** *to harsh online criticism* *as Internet review sites are free from responsibility under federal law.*

線上聲譽管理是一個新興的領域。因為根據聯邦法律，網路評論網站是免責的，所以越來越多的公司成為嚴苛線上評論的<u>受害者</u>。
　　　　　　　　　　　　　　　　　　　　　　　　1

* online〔ɑn'laɪn〕*adj.* 線上的；網路上的
  reputation⁴〔,rɛpjə'teʃən〕*n.* 名聲
  management³〔'mænɪdʒmənt〕*n.* 管理
  prosper⁴〔'prɑspɚ〕*v.* 興盛
  field²〔fild〕*n.* 領域
  fall²〔fɔl〕*v.* 成為
  harsh⁴〔hɑrʃ〕*adj.* 嚴厲的
  criticism⁴〔'krɪtə,sɪzəm〕*n.* 批評；評論
  Internet⁴〔'ɪntɚ,nɛt〕*n.* 網際網路
  review²〔rɪ'vju〕*n.* 評論；批評
  site⁴〔saɪt〕*n.* 地點；網站
  be free from 免於；免除
  responsibility³〔rɪ,spɑnsə'bɪlətɪ〕*n.* 責任
  federal⁵〔'fɛdərəl〕*adj.* 聯邦的
  under¹〔'ʌndɚ〕*prep.* 按照；依據（法律、協議等）

1. (**G**) victim³〔'vɪktɪm〕*n.* 受害者
   fall victim to 成為…的受害者

When businesses are [2](**D**) *stung* by bad reviews, the last thing *they*

should do is to fight back *and* take a defensive stance.　A refutation

only ends up spreading the unfavorable reviews *more* [3](**A**) *swiftly*.

當企業被不好的評論傷害時，他們最不該做的事，就是反擊且採取防禦姿
　　　　　　　　　　　2
態。反駁最終只會更迅速地散播不好的評論。
　　　　　　　3

　　　* last[1]〔læst〕*adj.* 最不可能的；最不適當的
　　　fight back 反擊　　defensive[4]〔dɪ'fɛnsɪv〕*adj.* 防禦的
　　　stance〔stæns〕*n.* 立場　　refutation[5]〔ˌrɛfju'teʃən〕*n.* 反駁
　　　end up 最終成爲　　spread[2]〔sprɛd〕*v.* 散布
　　　unfavorable[4]〔ʌn'fevərəbl̩〕*adj.* 不利的；批判性的

　2. (**D**)　sting[3]〔stɪŋ〕*v.* (心靈、感情上的) 刺痛；傷害
　　　　　　【三態變化：sting-stung-stung】

　3. (**A**)　swiftly[3]〔swɪft〕*adj.* 快速地

An alternative strategy *proposed by reputation management consultants*

is to pour in more [4](**I**) *positive* reviews.

聲譽管理顧問提出的另一種策略，是傾注更多正面的評論。
　　　　　　　　　　　　　　　　　　　　　　4

　　　* alternative[6]〔ɔr'tɜnətɪv〕*adj.* 替代的
　　　strategy[3]〔'strætədʒɪ〕*n.* 策略　　propose[2]〔prə'poz〕*v.* 提議
　　　consultant[4]〔kən'sʌltənt〕*n.* 顧問
　　　pour[3]〔por〕*v.* 傾注；大量提供

4. (I) positive[2] 〔ˊpɑzətɪv〕 *adj.* 肯定的；正面的

When *flattering contents show up higher on Google search lists*, those

old **and** damaging reviews become [5](C) invisible.

當好的評論內容出在谷歌搜尋清單中較高處時，那些舊的而且有害的評論
就變得<u>不顯眼</u>了。
5

* flattering[4] 〔ˊflætərɪŋ〕 *adj.* 奉承的
content[4] 〔ˊkɑntɛnt〕 *n.* 內容　　**show up** 出現
Google 〔ˋgugḷ〕 *n.* 谷歌【網路公司】

search[2] 〔sɝtʃ〕 *n.* 搜尋
list[1] 〔lɪst〕 *n.* 名單；清單
damaging[2] 〔ˊdæmɪdʒɪŋ〕 *adj.* 有害的

5. (C) invisible[3] 〔ɪnˊvɪzəbḷ〕 *adj.* 看不見的；不顯眼的

One consultant notes **that** *it is the one angry customer* **that** *goes*

online **while** the other 99 happy customers are lost *in the picture*. The

job is to locate those happy customers **and** distribute their supportive

comments **so that** companies can [6](B) *repair* their tainted reputation.

　　一名顧問指出，這是一個憤怒顧客會上網留評論，而其他的 99 個滿意
顧客會消失的情況。職責是找出那些滿意的顧客，並散佈他們的支持性意
見，以便公司<u>補救</u>受損的聲譽。
6

* note[1] 〔not〕 *v.* 提到；注意到　　customer[2] 〔ˊkʌstəmɚ〕 *n.* 顧客
picture[1] 〔ˊpɪktʃɚ〕 *n.* 局面；情況　　locate[2] 〔loˊket〕 *v.* 找出

distribute⁴〔dɪ'strɪbjʊt〕*v.* 分發；散佈
supportive²〔sə'portɪv〕*adj.* 支持的
comment⁴〔'kɑmɛnt〕*n.* 評論
tainted〔'tentɪd〕*adj.* 受污染的；有污點的

6. (**B**) repair³〔rɪ'pɛr〕*v.* 補救；修補

While *some reputation management companies succeed in manipulating*

the search results, some are sued ***or*** fined *for posting fraudulent*

reviews. Yelp, Google, ***and*** other review sites have started to counter

some ⁷**(F)** fraudulent attempts *to boost online ratings*.

雖然一些聲譽管理公司成功地操縱搜尋結果，但有些公司因發布欺騙性評
論，而被控告或罰款。Yelp、Google 和其他評論網站已經開始反制一些
想提高線上評等的企圖詐騙的行為。

7

* manipulate⁶〔mə'nɪpjə,let〕*v.* 操縱　　sue〔su〕*v.* 控告
fine¹〔faɪn〕*v.* 處以罰金　　fraudulent⁶〔'frɔdʒələnt〕*adj.* 欺騙的
Yelp〔jɛlp〕*n.* 耶普【美國最大的評論網站】
counter⁴〔'kaʊntɚ〕*v.* 反駁
attempt³〔ə'tɛmpt〕*n.* 企圖；嘗試
boost⁶〔bust〕*v.* 提高；增加
rating³〔'retɪŋ〕*n.* 等級；級別

7. (**F**) fraudulent⁶〔'frɔdʒələnt〕*adj.* 欺騙的

Those reviews *with hidden business incentives* can pose a ⁸**(J) threat**

to their credibility.

那些隱藏著商業動機的評論，可能會對他們的信譽造成威脅。
₈

> * hidden² 〔'hɪdn̩〕*adj.* 隱藏的　incentive⁶〔ɪn'sɛntɪv〕*n.* 動機
> pose²〔poz〕*v.* 造成
> credibility⁶〔ˌkrɛdə'bɪlətɪ〕*n.* 可信度；可靠性

8. (**J**) threat³〔θrɛt〕*n.* 威脅　 ***pose a threat to*** 對…形成威脅

Edmunds, *for example,* ⁹**(E)** suspected fraud *in its site and* discovered 2,200 fake users. It ¹⁰**(H)** traced the suspicious activities *to a reputation management company just in time to stop further wicked postings.*

例如，埃德蒙茲在自家網站上察覺到詐騙，並且發現 2,200 名假用戶。埃
₉
德蒙茲及時追溯可疑活動到一家線上聲譽管理公司，阻止了更多惡意的貼
₁₀
文。

> * Edmunds〔'edməndz〕*n.* 埃德蒙茲【美國線上汽車買賣資訊網站公司】
> fraud⁶〔frɔd〕*n.* 詐欺
> fake³〔fek〕*adj.* 假的；仿冒的
> user²〔'juzɚ〕*n.* 使用者；用戶
> suspicious⁴〔sə'spɪʃəs〕*adj.* 可疑的
> ***in time*** 及時；最後
> further²〔'fɜðɚ〕*adj.* 更多的；更進一步的
> wicked³〔'wɪkɪd〕*adj.* 惡劣的

9. (**E**) suspect³〔sə'spɛkt〕*v.* 察覺；懷疑

10. (**H**) trace³〔tres〕*v.* 查出；追蹤

TEST 14

說明：　第 1 至 10 題，每題一個空格。請依文意在文章後所提供的 (A) 到 (L)
選項中分別選出最適當者。

　　Some people have ＿＿1＿＿ abilities—they can do things
that ordinary people cannot do.　And for a very few people
these abilities come with a(n) ＿＿2＿＿ of ability to do some
other things that ordinary people take for granted.

　　Think about Stephen Wiltshire.　He is able to draw a
city after ＿＿3＿＿ over it for a half hour or so in a helicopter.
He has drawn pictures of huge cities, including London,
New York, Moscow, Tokyo, Rome, and Shanghai.　In
addition to drawing with great accuracy and detail from
＿＿4＿＿ (such as the right ＿＿5＿＿ of columns on the
Pantheon in Rome), Stephen is able to show the feeling of
each city.　And yet Stephen has autism, a condition that
＿＿6＿＿ various abilities, including language, ＿＿7＿＿, and
the ability to interact with other people.

As a young child in London, Stephen could not ___8___. But he could draw amazing pictures. At the ___9___ school he attended, his artistic ability was clear by the time he was five years old. His first word was "paper"—he wanted ___10___ paper. At thirteen, he published a book of drawings. He went on to study at the City and Guilds of London Art School. Since then, he has published three other books and has drawn and shown his art in cities around the world.

(A) number   (B) drawing   (C) speak

(D) flying   (E) installment   (F) special

(G) affects   (H) lack   (I) memory

(J) intelligence   (K) exceptional   (L) expecting

TEST 14 詳解

Some people have [1](K) exceptional abilities—they can do things
that ordinary people cannot do. And for a very few people these
abilities come with a [2](H) lack of ability to do some other things that
ordinary people take for granted.

有些人有特殊的才能——他們可以做普通人不能做的事情。而對於極少
數人來說，這些特殊才能伴隨而來的是，缺乏做普通人視爲理所當然的一
些其他事情的能力。

* ability[2] 〔ə'bɪlətɪ〕 n. 能力
  ordinary[2] 〔'ɔrdn̩ˌɛrɪ〕 adj. 普通的
  come with 跟著…一起來；附有
  take…for granted 視…爲理所當然

1. (**K**) exceptional[5] 〔ɪk'sɛpʃənl̩〕 adj. 例外的；異常的；特殊的

2. (**H**) lack[1] 〔læk〕 n. 缺乏

Think about Stephen Wiltshire. He is able to draw a city after
[3](D) flying over it for a half hour or so in a helicopter. He has drawn
pictures of huge cities, including London, New York, Moscow, Tokyo,
Rome, and Shanghai.

想想史蒂芬‧威爾夏。他坐直升機在一座城市上<u>飛</u>個大約半小時後，
　　　　　　　　　　　　　　　　　　　　　　　3
就能夠畫出那座城市。他已經畫了包括倫敦、紐約、莫斯科、東京、羅馬
和上海在內的大城市。

　　* Stephen Wiltshire〔'stivən 'wılʃıə〕*n.* 史蒂芬‧威爾夏【被稱為「人腦
　　　　照相機」，只要看過一遍的事物，就可以鉅細靡遺地畫出】
　　　be able to V. 能夠…
　　　draw[1]〔drɔ〕*v.* 畫【三態變化：draw-drew-drawn】
　　　or so 大約　　helicopter[4]〔'hɛlı,kɑptə〕*n.* 直升機
　　　huge[1]〔hjudʒ〕*adj.* 巨大的　　including[4]〔ın'kludıŋ〕*prep.* 包括
　　　London〔'lʌndən〕*n.* 倫敦　　New York〔dnju 'jɔrk〕*n.* 紐約
　　　Moscow〔'mɑsko〕*n.* 莫斯科　　Tokyo〔'tokıo〕*n.* 東京
　　　Rome〔rom〕*n.* 羅馬　　Shanghai〔'ʃæŋ'haı〕*n.* 上海

3.(**D**) after 為介系詞，其後須接名詞或動名詞，依句意，選 (D) ***flying***。
　　　fly[1]〔flaı〕*v.* 飛

*In addition to drawing with great accuracy **and** detail from* [4](I) *memory*

(*such as the right* [5](A) *number of columns on the Pantheon in Rome*),

Stephen is able to show the feeling *of each city.*

除了從<u>記憶</u>中準確地且鉅細靡遺地繪製（如羅馬萬神殿上圓柱的正確<u>數目</u>）
　　　　　4　　　　　　　　　　　　　　　　　　　　　　　　　　　　5
外，史蒂芬還能夠畫出每座城市的感覺。

　　　* ***in addition to*** 除了…之外（還有）
　　　accuracy[4]〔'ækjərəsı〕*n.* 準確性
　　　detail[3]〔'ditel〕*n.* 細節　　column[3]〔'kɑləm〕*n.* 圓柱
　　　pantheon〔'pænθıən〕*n.* 萬神殿；偉人祠
　　　the Pantheon 萬神殿【供奉羅馬諸神的神殿，現已改建為教堂】

4. (**I**) memory[2] 〔ˈmɛmərɪ 〕 *n.* 記憶；記憶力

5. (**A**) number[1] 〔ˈnʌmbə- 〕 *n.* 數目

And yet Stephen has autism, *a condition* **that** [6]**(G)** *affects* various

abilities, *including language,* [7]**(J)** *intelligence,* **and** *the ability to*

interact with other people.

然而史蒂芬有自閉症，這是一種會影響各種能力的病症，包括語言、智力
以及與其他人互動的能力。　　　　　6　　　　　　　　　　7

* *and yet* 然而，但是

autism 〔ˈɔtɪzəm 〕 *n.* 自閉症【為一種腦部因發育障礙所導致的疾病，其特
　徵是情緒表達困難、社交互動障礙、語言和非語言的溝通有問題，以及日
　常上常見的，表現出限制的行為與重複的動作】

condition[3] 〔 kənˈdɪʃən 〕 *n.* 情況；疾病
various[3] 〔ˈvɛrɪəs 〕 *adj.* 各式各樣的
interact[4] 〔ˌɪntə-ˈækt 〕 *v.* 互動

6. (**G**) affect[3] 〔 əˈfɛkt 〕 *v.* 影響

7. (**J**) intelligence[4] 〔 ɪnˈtɛlədʒəns 〕 *n.* 智力；聰明才智

As a young child in London, Stephen could not [8]**(C)** speak. **But** he

could draw amazing pictures. *At the* [9]**(F)** *special* school he attended,

his artistic ability was clear **by the time** *he was five years old.* His

first word was "paper"—he wanted [10]**(B)** drawing paper.

史蒂芬年幼時在倫敦，他不會<u>說話</u>。但他可以畫出驚人的圖。在他上
8

的<u>特殊</u>學校，他的藝術能力在他五歲的時候就很明顯。他說的第一個字是
9

「紙」——他想要<u>圖畫</u>紙。
10

* young¹〔jʌŋ〕*adj.* 年幼的　　amazing〔ə'mezɪŋ〕*adj.* 驚人的
  attend²〔ə'tɛnd〕*v.* 上（學）　　artistic⁴〔ɑr'tɪstɪk〕*adj.* 藝術的
  by the time 到了…的時候

8.（**C**）依句意，他不會「說話」，選 (C) *speak*。

9.（**F**）special¹〔'spɛʃəl〕*adj.* 特殊的

10.（**B**）drawing¹〔'drɔɪŋ〕*n.* 繪畫　　***drawing paper*** 圖畫紙

At thirteen, he published a book *of drawings.* He went on to study *at
the City **and** Guilds of London Art School.* *Since then*, he has published
three other books **and** has drawn **and** shown his art *in cities around the
world.*

在十三歲時，他出版了一本圖畫書。他接著繼續在倫敦城市協會藝術學院
唸書。從那時，他已經出版了其他三本書，並在世界各地的城市，繪製和
展示了他的藝術作品。

* publish⁴〔'pʌblɪʃ〕*v.* 出版
  go on to V. 更進一步去…；接著去…
  guild〔gɪld〕*n.* 同業公會；協會
  art〔ɑrt〕*n.* 藝術　　***around the world*** 在全世界

TEST 15

說明： 第 1 至 10 題，每題一個空格。請依文意在文章後所提供的 (A) 到 (L) 選項中分別選出最適當者。

Stuttering, also known as stammering, is a speech disorder in which the flow of speech is ___1___ by involuntary repetitions and prolongations of sounds, syllables, words or phrases, and involuntary silent pauses or blocks in which the stutterer is unable to produce sounds. The term stuttering is most commonly ___2___ with involuntary sound repetition, but it also includes the abnormal hesitation or pausing before speech, ___3___ to by stutterers as blocks, and the prolongation of certain sounds.

The ___4___ of stuttering on a person's functioning and emotional state can be severe. Much of this goes unnoticed by the speaker, and may include fears of having to pronounce specific vowels or consonants distinctly, fears of being ___5___ stuttering in social situations, self-imposed isolation, anxiety, stress, shame, or a feeling of "loss of control" during speech. Despite popular ___6___ to the contrary, stuttering is not reflective of intelligence.

The disorder is variable, which means that in certain situations, such as talking on the telephone, the stuttering might be more severe or less, __7__ on the anxiety level connected with that activity. Although the exact cause of stuttering is unknown, both genetics and neurophysiology are thought to __8__. There are many treatments and speech __9__ techniques available that may help increase fluency in some stutterers to the point where an untrained ear can not __10__ a problem.

(A) contribute   (B) impact   (C) depending

(D) caught   (E) referred   (F) verbal

(G) therapy   (H) identify   (I) perceptions

(J) disrupted   (K) associated   (L) inspire

TEST 15 詳解

Stuttering, *also known as stammering*, is a speech disorder *in*

which the flow of speech is [1](**J**) *disrupted* by involuntary repetitions *and*

prolongations of sounds, syllables, words *or* phrases, *and* involuntary

silent pauses *or* blocks in *which* the stutterer is unable to produce

sounds.

　　口吃也被稱爲結巴，是一種言語失常，是言語的連貫被<u>中斷</u>，因爲不
由自主的重複和延長的聲音、音節、單詞或短語，以及無意識的無聲停頓
或阻斷，而在這樣的情況下，口吃者發不出聲音。

* stutter[5]〔'stʌtɚ〕*v.* 結巴地說；口吃 (= *stammer*[6] 〔'stæmɚ 〕)
  be known as 被稱爲　　speech[1] 〔 spitʃ 〕*n.* 言語；談話
  disorder[4] 〔 dɪs'ɔrdɚ 〕*n.* 失調；混亂；疾病
  flow[2] 〔 flo 〕*n.* 流暢；連貫
  involuntary[4] 〔 ɪn'vɑlən,tɛrɪ 〕*adj.* 非自願的
  (↔ voluntary[4] 〔'vɑlən,tɛrɪ 〕*adj.* 自願的)
  repetition[4] 〔,rɛpɪ'tɪʃən 〕*n.* 重複
  prolongation[5] 〔,prolɔŋ'geʃən 〕*n.* 延長【prolong[5] *v.* 延長】
  syllable[4] 〔'sɪləbḷ 〕*n.* 音節　　phrase[2] 〔 frez 〕*n.* 片語
  silent[2] 〔'saɪlənt 〕*adj.* 安靜的；無聲的
  pause[3] 〔 pɔz 〕*n. v.* 暫停　　block[1] 〔 blɑk 〕*n.* 阻斷
  stutterer 〔'stʌtərɚ 〕*n.* 口吃 (的人)
  be unable to V. 不能…　　produce[2] 〔 prə'djus 〕*v.* 製造

1.(**J**) disrupt 〔 dɪs'rʌpt 〕*v.* 使中斷

The term *stuttering* is *most commonly* ²**(K)** <u>associated</u> *with involuntary*

sound repetition, **but** it *also* includes the abnormal hesitation **or**

pausing *before speech*, ³**(E)** *referred to by stutterers as blocks*, **and** *the*

prolongation of certain sounds.

口吃這個用語最常<u>和</u>不由自主的聲音重複<u>有關</u>，但口吃也包括了說話之前
　　　　　　　2　　　　　　　　　　　　　2
的異常猶豫或暫停，口吃<u>被稱</u>之爲語塞和某些語音的拖長。
　　　　　　　3

* **term**² 〔 tȝm 〕 *n.* 名詞；用語　　**commonly**¹ 〔 'kɑmənlɪ 〕 *adv.* 通常
  include² 〔 ɪn'klud 〕 *v.* 包括
  abnormal⁶ 〔 æb'nɔrml̩ 〕 *adj.* 不正常的
  hesitation⁴ 〔 ˌhɛzə'teʃən 〕 *n.* 猶豫　　**certain**¹ 〔 'sȝtən 〕 *adj.* 某些

2. (**K**) *be associated with* 和…有關

3. (**E**) *be referred to as* 被稱爲

The ⁴**(B)** <u>impact</u> *of stuttering on a person's functioning* **and**

emotional state can be severe.

口吃對人的官能和情緒狀態的<u>影響</u>，可能很會嚴重。
　　　　　　　　　　　　　　4

* **functioning**² 〔 'fʌnkʃənɪŋ 〕 *adj.* 官能的；功能的
  emotional⁴ 〔 ɪ'moʃənl̩ 〕 *adj.* 情緒的
  state¹ 〔 stet 〕 *n.* 狀態　　**severe**⁴ 〔 sə'vɪr 〕 *adj.* 嚴重的

4. (**B**) **impact**⁴ 〔 'ɪmpækt 〕 *n.* 影響 < *on* >

Much *of this* goes unnoticed *by the speaker*, ***and*** may include fears *of*

having to pronounce specific vowels ***or*** *consonants distinctly*, fears *of*

being [5]**(D)** *caught stuttering in social situations*, self-imposed isolation,

anxiety, stress, shame, ***or*** a feeling *of "loss of control" during speech.*

其中大部分的影響並未被說話者注意到,而且可能包含必須清晰發出
特定的母音或子音的恐懼、在社交場合被抓到結巴的恐懼、自我加諸的孤
立、焦慮、壓力、羞恥,或者在說話時「失控」的感覺。

* go[1] 〔 go 〕 *v.* 處於⋯狀態
  unnoticed[1] 〔 ʌn'notɪst 〕 *adj.* 未被注意的　　fear[1] 〔 fɪr 〕 *n.* 恐懼
  pronounce[2] 〔 prə'naʊns 〕 *v.* 發⋯的音
  specific[3] 〔 spɪ'sɪfɪk 〕 *adj.* 特定的　　vowel[4] 〔 'vaʊəl 〕 *n.* 母音
  consonant[4] 〔 'kɑnsənənt 〕 *n.* 子音
  distinctly[4] 〔 dɪ'stɪŋktlɪ 〕 *adv.* 清楚地;清晰地
  social[2] 〔 'soʃəl 〕 *adj.* 社交的　　situation[3] 〔 ,sɪtʃʊ'eʃən 〕 *n.* 情況
  self-imposed 〔 ,sɛlfɪm'pozd 〕 *adj.* 自己強加的
  isolation[4] 〔 ,aɪsl'eʃən 〕 *n.* 孤立
  anxiety[4] 〔 æŋ'zaɪətɪ 〕 *n.* 焦慮　　stress[2] 〔 strɛs 〕 *n.* 壓力
  shame[3] 〔 ʃem 〕 *n.* 羞恥;恥辱
  during[1] 〔 'djʊrɪŋ 〕 *prep.* 在⋯期間

5. (**D**) ***be caught + V-ing*** 被抓到⋯;被當場撞見⋯

Despite popular [6]**(I)** *perceptions to the contrary*, stuttering is not

reflective of intelligence.

儘管和普遍的看法相反,但是口吃並不能反映一個人的智商。

6

* despite[4]〔 dɪˈspaɪt 〕 *prep.* 儘管
popular[2,3]〔 ˈpɑpjələ 〕 *adj.* 普遍的；流行的
contrary[4]〔 ˈkɑntrɛrɪ 〕 *adj.* 相反的
to the contrary 相反的
reflective[6]〔 rɪˈflɛktɪv 〕 *adj.* 反映的
be reflective of 反映
intelligence[4]〔 ɪnˈtɛlədʒəns 〕 *n.* 力能；聰明才智智慧

> despite[4] *prep.* 儘管
> = in spite of
> = regardless of
> = for all
> = with all
> = notwithstanding

6. (I) perception[6]〔 pəˈsɛpʃən 〕 *n.* 觀念；看法

The disorder is variable, **which means that in certain situations,**

such as talking on the telephone, the stuttering might be more severe or

less, [7]**(C) depending** on the anxiety level connected with that activity.

　　言語失常是多變的，這意味著在某些情況下，例如在講電話時，口吃可能會更嚴重或較不嚴重，取決於與該活動相關的焦慮程度。

* variable[6]〔 ˈvɛrɪəbḷ 〕 *adj.* 多變的；易變的
talk on the telephone 講電話　　level[1]〔 ˈlɛvḷ 〕 *n.* 程度
connected[3]〔 kəˈnɛktɪd 〕 *adj.* 有關連的 < with >
activity[3]〔 ækˈtɪvətɪ 〕 *n.* 活動

7. (**C**) 依句意，言語失常的嚴重情況「取決於」焦慮程度，故選
　　(C) **depending**。　　**depend on** 取決於；視…而定

Although the exact cause of stuttering is unknown, both genetics **and**

neurophysiology are thought to [8]**(A) contribute**.

雖然口吃的確切原因是未知的，但是遺傳和神經系統被認為是<u>部份原因</u>。
8

* exact[2] 〔 ɪg'zækt 〕 *adj.* 確切的
unknown 〔 ʌn'non 〕 *adj.* 未知的
genetics[6] 〔 dʒə'nɛtɪks 〕 *n.* 遺傳學；遺傳性；遺傳現象
neurophysiology 〔ˌnjʊroˌfɪzɪ'ɑlədʒɪ 〕 *n.* 神經生理學

8. (**A**) contribute[4] 〔 kən'trɪbjut 〕 *v.* 有貢獻；是…的部份原因

There are many treatments *and* speech [9](G) therapy techniques

available **that** *may help increase fluency in some stutterers to the point*

where *an untrained ear can not* [10](H) *identify a problem.*

有許多療程和言語<u>療法</u>技術，可以幫助一些口吃者提高說話的流暢度，到
9
未經訓練的耳朵無法<u>發現</u>問題的程度。
10

* treatment[5] 〔'tritmənt 〕 *n.* 治療（法）
technique[3] 〔 tɛk'nik 〕 *n.* 技術
available[3] 〔 ə'veləbl̩ 〕 *adj.* 可獲得的；可用的
increase[2] 〔 ɪn'kris 〕 *v.* 增加
fluency[5] 〔'fluənsɪ 〕 *n.* 流利；流暢
point[1] 〔 pɔɪnt 〕 *n.* 程度
untrained[1] 〔 ʌn'trend 〕 *adj.* 未受訓練的

9. (**G**) therapy[6] 〔'θɛrəpɪ 〕 *n.* 治療；療法

10. (**H**) identify[4] 〔 aɪ'dɛntəˌfaɪ 〕 *v.* 辨識；發現

TEST 16

說明： 第 1 至 10 題，每題一個空格。請依文意在文章後所提供的 (A) 到 (L) 選項中分別選出最適當者。

The boom in tourism on the Mediterranean coast is causing damage to the surrounding ecosystems. The World Wildlife Fund (WWF) has ___1___ the Mediterranean Sea area as "one of the most important regions in the world for its outstanding biodiversity features." In fact, the Mediterranean is ___2___ to 20% of the world's different marine species.

Not far from its beaches, the Mediterranean also offers cultural and natural attractions that ___3___ the Mediterranean coast the world's most popular tourist attractions. Consequently, over half of its coastline has become a concrete jungle ___4___ for mass tourism, resulting in damage to the environment. Between Spain and Sicily, three quarters of the sand dunes have been destroyed by this urbanization, ___5___ to a loss of biodiversity specific to the dunes.

When tourists ___6___ the beaches for the summer

holidays, they produce increased waste and demand for

water. Some areas, such as Spain, are already ___7___ to

the limit as water is used to supply swimming pools and

keep golf courses ___8___.

The Mediterranean Action Plan (MAP), part of the

United Nations Environment Program, is trying to protect

the Mediterranean ecosystems and to encourage ___9___

forms of tourism worldwide such as the

environmentally-friendly, small-scale beaches found on

Cirali Beach in Turkey. As ecotourism gains in popularity,

we can hope that the ___10___ of the Mediterranean coast

can be saved from overdevelopment and its grave ecological

consequences.

(A) home   (B) rest   (C) built

(D) stretched   (E) make   (F) invade

(G) recognized   (H) leading   (I) green

(J) sustainable   (K) revolution   (L) protein

TEST 16 詳解

The boom *in tourism on the Mediterranean coast* is causing damage *to the surrounding ecosystems*. The World Wildlife Fund (WWF) has [1](G) recognized the Mediterranean Sea area as "one *of the most important regions in the world for its outstanding biodiversity features*." *In fact*, the Mediterranean is [2](A) home *to 20% of the world's different marine species*.

地中海沿岸的旅遊業蓬勃發展，對周圍的生態系統造成了破壞。世界野生動物基金會（WWF）已將地中海地區認定為「世界上最重要的地區之一，因其出色的生物多樣性特徵」。事實上，地中海是全世界百分之二十不同海洋物種的棲息地。
　　　　　　　　2

* boom[5]〔bum〕n. 暴增；繁榮　　tourism[3]〔'turɪzəm〕n. 觀光（業）
Mediterranean〔ˌmɛdətə'renɪən〕adj., n. 地中海（的）
coast[1]〔kost〕n. 海岸
cause[1]〔kɔz〕v. 造成
damage[2]〔'dæmɪdʒ〕n. 損害
surrounding[4]〔sə'raʊndɪŋ〕adj. 周圍的
ecosystem[3]〔'iko,sɪstəm〕n. 生態系統
wildlife[5]〔'waɪld,laɪf〕n. 野生動物
fund[3]〔fʌnd〕n. 基金　　area[1]〔'ɛrɪə〕n. 地區
region[2]〔'ridʒən〕n. 地區　　outstanding[4]〔'aut'stændɪŋ〕adj. 傑出的
biodiversity[4]〔ˌbaɪo,daɪ'vɝsətɪ〕n. 生物多樣性

> -terr- 表示 earth 之意，如：
> terrain n. 地形
> territory n. 領土
> extraterrestrial n. 外星人
> 　adj. 來自外太空的

feature[3] 〔'fitʃɚ 〕 *n.* 特色

marine[5] 〔 mə'rin 〕 *adj.* 海洋的

species[4] 〔'spiʃiz 〕 *n.* 物種【單複數同形】

-marin- 表示 sea 之意，如：

mariner *n.* 水手

submarine *n.* 潛水艇

---

1. (**G**) recognize[1] 〔'rɛkəg,naɪz 〕 *v.* 認定 < *as* >

2. (**A**) ***be home to*** 是…的所在地

Not far from its beaches, the Mediterranean *also* offers cultural *and* natural attractions ***that*** [3](**E**) *make the Mediterranean coast the world's most popular tourist attractions.* *Consequently*, over half *of its coastline* has become a concrete jungle [4](**C**) *built for mass tourism*, *resulting in damage to the environment.*

　　距離其海灘不遠，地中海也提供文化和自然景觀，使地中海沿岸成為
全世界最受歡迎的旅遊景點。因此，超過一半以上的海岸線已成為大眾旅
遊所建造的水泥叢林，造成對環境的破壞。

* beach[1] 〔 bitʃ 〕 *n.* 海灘　　offer[2] 〔'ɔfɚ 〕 *v.* 提供

cultural[3] 〔'kʌltʃərəl 〕 *adj.* 文化的　　natural[2] 〔'nætʃərəl 〕 *adj.* 自然的

attraction[4] 〔 ə'trækʃən 〕 *n.* 吸引人的事物

popular[2,3] 〔'pɑpjəlɚ 〕 *adj.* 受歡迎的

tourist[3] 〔'tʊrɪst 〕 *n.* 觀光客　*adj.* 適合觀光客的

tourist attraction 觀光勝地

consequently[4] 〔'kɑnsə,kwɛntlɪ 〕 *adv.* 因此 (= *therefore*[2])

coastline[5] 〔'kost,laɪn 〕 *n.* 海岸線

concrete[4] 〔'kɑnkrit 〕 *adj.* 混凝土製的　　jungle[3] 〔'dʒʌŋgl̩ 〕 *n.* 叢林

concrete jungle 水泥叢林　　mass[2] 〔 mæs 〕 *adj.* 大量的；大眾的

result in 導致；造成　　environment[2] 〔 ɪn'vaɪrənmənt 〕 *n.* 環境

3. (**E**) make[1] 〔 mek 〕 *v.* 使成為

4. (**C**) 依句意，空格應填 which is built，又關代和 be 動詞可同時省
略，選 (C) **built**。　　 build[1] 〔 bɪld 〕 *v.* 建造

---

*Between Spain **and** Sicily*, three quarters of the sand dunes have been

destroyed *by this urbanization,* [5](**H**) *leading to a loss of biodiversity*

specific to the dunes.

在西班牙和西西里島之間，有四分之三的沙丘已被這樣的城市化所破壞，
導致沙丘特有的生物多樣性喪失。
5

　　 * Spain 〔 spen 〕 *n.* 西班牙
　　 Sicily 〔'sɪsɪlɪ 〕 *n.* 西西里島【位於義大利南方，為地中海最大的島】
　　 quarter[2] 〔'kwɔrtɚ 〕 *n.* 四分之一　　 ***three quarters of*** 四分之三的
　　 sand[1] 〔 sænd 〕 *n.* 沙　　 dune[4] 〔 djun 〕 *n.* 沙丘
　　 destroy[3] 〔 dɪ'strɔɪ 〕 *v.* 破壞
　　 urbanization[4] 〔,ɝbənaɪ'zeʃən 〕 *n.* 都市化
　　 loss[2] 〔 lɔs 〕 *n.* 喪失
　　 specific[3] 〔 spɪ'sɪfɪk 〕 *adj.* 特定的；特有的 *< to >*

> lead to 　導致
> = contribute to
> = give rise to
> = result in
> = bring about

5. (**H**) **lead to** 導致；造成

***When** tourists* [6](**F**) *invade the beaches for the summer holidays,*

they produce increased waste ***and*** demand for water. Some areas,

such as Spain, are *already* [7](**D**) *stretched to the limit **as** water is used to*

*supply swimming pools **and** keep golf courses* [8](**I**) *green.*

當遊客暑假<u>大批擁入</u>海灘時，會增加廢棄物和用水需求。有些地區，
　　　　　　6
例如西班牙，已經<u>過度使用</u>到供水的極限，因為水要供應游泳池，和保持
高爾夫球場常<u>綠</u>。　　7
　8

* produce² 〔 prə'djus 〕 *v.* 製造
increased² 〔 ɪn'krist 〕 *adj.* 漸增的；越來越多的
waste¹ 〔 west 〕 *n.* 廢棄物　　　limit² 〔'lɪmɪt 〕 *n.* 極限
supply² 〔 sə'plaɪ 〕 *v.* 供應　　pool¹ 〔 pul 〕 *n.* 水池；游泳池
golf² 〔 galf 〕 *n.* 高爾夫球　　course¹ 〔 kors 〕 *n.* 比賽場地
golf course 高爾夫球場

6. (**F**) invade⁴ 〔 ɪn'ved 〕 *v.* 入侵；大批進入

7. (**D**) stretch² 〔 strɛtʃ 〕 *v.* 使極為緊張；過度使用

8. (**I**) green² 〔 grin 〕 *adj.* 綠油油的；青蔥的；長滿綠色植物的

The Mediterranean Action Plan (MAP), *part of the United*

Nations Environment Program, is trying to protect the Mediterranean

ecosystems *and* to encourage ⁹(J) <u>sustainable</u> forms *of tourism*

worldwide such as the environmentally-friendly, small-scale beaches

found on Cirali Beach in Turkey.

　　地中海行動計劃（MAP）是聯合國環境規劃署的計劃之一，正試圖保
護地中海的生態系統，並促進全世界<u>永續</u>形式的旅遊，像是在土耳其發現
　　　　　　　　　　　　　　　　9
的對環境友好、小規模的契拉勒海灘。

* action¹ 〔'ækʃən 〕 *n.* 行動

the Mediterranean Action Plan 地中海行動計畫

【主要是著眼於清除地中海污染、建設地中海海上高速公路、成立一所地中海大學，以及制定地中海沿岸國家學生交流計畫等】

the United Nation 聯合國　　program[3]〔ˈprogræm〕*n.* 計劃

protect[2]〔prəˈtɛkt〕*v.* 保護

the United Nations Environment Program 聯合國環境規劃署

【是聯合國專責環境規劃的常設部門，它的任務在於協調聯合國的環境計劃、幫助開發中國家實施利於環境保護的政策以及鼓勵可持續發展，促進有利環境保護的措施】

encourage[2]〔ɪnˈkɝɪdʒ〕*v.* 鼓勵；促進；助長

form[2]〔fɔrm〕*n.* 形式　　worldwide[4]〔ˈwɝldˈwaɪd〕*adv.* 在全世界

environmentally-friendly〔ɪnˌvaɪrənˈmɛntlɪ ˈfrɛndlɪ〕*adj.* 環保的

small-scale〔ˈsmɔlˈskel〕*adj.* 小規模的

Cirali Beach〔tʃiˈralɪ ˈbitʃ〕*n.* 契拉勒海灘

Turkey〔ˈtɝkɪ〕*n.* 土耳其

9. (**J**)　sustainable[4]〔səˈsteɪnəbḷ〕*adj.* 能長期持續的；永續發展的

As ecotourism gains in popularity, we can hope *that the* [10](**B**) *rest of the Mediterranean coast can be saved from overdevelopment **and** its grave ecological consequences.*

隨著生態旅遊的普及，我們希望能拯救地中海沿岸的其他地區，免於過度發展和嚴重的生態後果。
　　　　　　　　　　　　　　　　　　　　　　10

* ecotourism〔ˌikoˈturɪzəm〕*n.* 生態旅行　　gain[2]〔gen〕*v.* 增加

popularity[4]〔ˌpapjəˈlærətɪ〕*n.* 流行；受歡迎

overdevelopment〔ˈovədɪˈvɛləpmənt〕*n.* 過度發展

grave[4]〔grev〕*adj.* 重大的；嚴重的

ecological〔ˌɛkəˈladʒɪkəl〕*adj.* 生態（學）的

10. (**B**)　rest[1]〔rɛst〕*n.* 剩餘部分；其餘的人或物

TEST 17

說明： 第1至10題，每題一個空格。請依文意在文章後所提供的(A)到(L)
選項中分別選出最適當者。

First appearing as a convenient and healthy alternative
to sugary drinks in the 1980s, bottled water today is often
criticized as an environmental ___1___. The discarded
plastic bottles end up as litter or go into ___2___. They also
require large amounts of energy to produce, package and
transport.

This July, more than 350 residents of Bundanoon, a
rural Australian town about 100 miles south of Sydney,
cheered after banning the sale of bottled water. The
voluntary ban was triggered by concerns about the carbon
footprint ___3___ bottling and transporting water.
Bundanoon is possibly the first community in the world
to take such a ___4___ step.

　　Bundanoon's battle ___5___ bottled water had been brewing for years, ever since a beverage company announced plans to build a water extraction plant in town. Residents were ___6___ over an outsider taking their water, trucking it up to Sydney for ___7___ and then selling it back to them. Then the owner of the town's combination cafe and bike shop, Hugh Kingston, had a thought. He suggested that reusable bottles ___8___ sold. Residents are able to fill the bottles ___9___ at public water fountains, or pay a small fee to fill them with filtered water kept in stores. The reusable bottles ___10___ the slogan "Bundy on Tap." This idea has also been supported by shopkeepers in the town.

(A) drastic　　　　(B) furious　　　(C) for free

(D) drama　　　　(E) bear　　　　(F) associated with

(G) be　　　　　(H) against　　　(I) processing

(J) menace　　　　(K) to　　　　　(L) landfills

TEST 17 詳解

*First appearing as a convenient **and** healthy alternative to sugary*

drinks in the 1980s, bottled water *today* is *often* criticized *as an*

environmental [1]**(J)** *menace.*

瓶裝水第一次出現在 1980 年代，是能替代含糖飲料的方便又健康的選
擇，但現今的瓶裝水，常常被批評是環境的威脅。

* appear[1] 〔ə'pɪr〕v. 出現　　convenient[2] 〔kən'vinjənt〕adj. 方便的
  healthy[2] 〔'hɛlθɪ〕adj. 健康的
  alternative[6] 〔ɔl'tɝnətɪv〕n. 另一個選擇 < to >
  sugary 〔'ʃʊgərɪ〕adj. 含糖的；甜的
  bottled 〔'batl̩d〕adj. 瓶裝的　　criticize[4] 〔'krɪtɪ,saiz〕v. 批評
  environmental[3] 〔ɪn,vaɪrən'mɛntl̩〕adj. 環境的

1. (**J**)　menace[5] 〔'mɛnɪs〕n. 威脅

The discarded plastic bottles end up *as litter **or*** go into [2]**(L)** landfills.

They *also* require large amounts of energy *to produce, package and*

transport.

被丟棄的塑料瓶最後會成爲垃圾，或進入垃圾掩埋場。塑料瓶還需要大量
的能源來製造、包裝和運輸。

* discard[5] 〔dɪs'kard〕v. 丟棄　　plastic[3] 〔'plæstɪk〕adj. 塑膠的
  end up 結果成爲　　litter[3] 〔'lɪtɚ〕n. 垃圾
  require[2] 〔rɪ'kwaɪr〕v. 需要　　amount[2] 〔ə'maʊt〕n. 數量

energy[2] (ˈɛnədʒɪ) n. 能量   produce[2] (prəˈdjus) v. 生產;製造
package[2] (ˈpækɪdʒ) v. 包裝   transport[3] (trænsˈport) v. 運輸

2. (**L**) landfills (ˈlændfɪl) n. pl. 垃圾掩埋場

This July, more than 350 residents *of Bundanoon, a rural*

Australian town about 100 miles south of Sydney, cheered *after banning*

the sale of bottled water.

今年七月,在澳洲雪梨南方約 100 哩的一個鄉村小鎮邦達努,有 350
多名居民歡慶禁止販售瓶裝水。

* resident[5] (ˈrɛzədənt) n. 居民
Bundanoon (ˈbʌndəˌnun) n. 邦達努【一個位於澳洲新南威爾斯州的
   城鎮】
rural[4] (ˈrurəl) adj. 鄉村的   Australian (ɔˈstreljən) adj. 澳洲的
south of 在…的南方
Sydney (ˈsɪdnɪ) n. 雪梨【澳洲東海岸的城市】
cheer[3] (tʃɪr) v. 歡呼;喝采
ban[5] (bæn) v. 禁止   n. 禁令
sale[1] (sel) n. 出售

The voluntary ban was triggered *by concerns about the carbon*

footprint [3](**F**) *associated with bottling **and** transporting water.*

Bundanoon is *possibly* the first community *in the world to take such a*

[4](**A**) *drastic step.*

裝瓶和運輸水，<u>與碳足跡相關</u>的擔憂引發了這項自發性的禁令。邦達努鎮
　　　　　　　　3　　　3
可能是世界上第一個採取如此<u>激烈</u>手段的社區。
　　　　　　　　　　　4

> * voluntary[4] ('vɑlən,tɛrɪ) adj. 自願的；志願的
> trigger[6] ('trɪgə) v. 引發
> concern[3] (kən'sɝn) n. 擔心 < about >
> carbon[5] ('kɑrbən) n. 碳　　footprint ('fʊt,prɪnt) n. 腳印；足跡
> **carbon footprint** 碳足跡【用來標示人類各種活動中所產生的二氧化碳，
> 　　以及其對溫室效應所帶來的衝擊，是由英國企業所創的名詞】
> community[4] (kə'mjunətɪ) n. 社區　　step[1] (stɛp) n. 措施

3. (**F**) associate[4] (ə'soʃɪ,et) v. 使有關連
　　be associated with 和…有關

4. (**A**) drastic[6] ('dræstɪk) adj. 激烈的

Bundanoon's battle [5](**H**) *against bottled water* had been brewing

for years, ***ever since*** *a beverage company announced plans to build a*

water extraction plant in town.

　　自從一家飲料公司宣布，計劃在鎮上建一個抽水廠之後，邦達努鎮
<u>對抗</u>瓶裝水的戰役已經醞釀了好幾年。
5

> * battle[2] ('bætḷ) n. 戰鬥；戰役　　brew[6] (bru) v. 醞釀
> beverage[6] ('bɛvərɪdʒ) n. 飲料　　announce[3] (ə'naʊns) v. 宣布
> extraction[6] (ɪk'strækʃən) n. 抽出　　plant[1] (plænt) n. 工廠

5. (**H**) 依句意，「對抗」瓶裝水的戰役已經醞釀了好幾年，選
　　(H) ***against***。

Residents were ⁶**(B) furious** *over an outsider taking their water,*

trucking it up to Sydney for ⁷**(I)** <u>*processing*</u> ***and*** *then selling it back to*

them.

居民們對外人拿他們的水，將水運往雪梨進行<u>加工</u>，然後將水賣還給他們
7
感到<u>憤怒</u>。
6

 * outsider⁵ 〔 aʊt'saɪdə 〕 *n.* 外人；門外漢
 truck² 〔 trʌk 〕 *v.* 用卡車運送

6. (**B**) furious⁴ 〔'fjʊrɪs 〕 *adj.* 狂怒的

7. (**I**) process³ 〔'prɑsɛs 〕 *v.* 處理；加工

Then the owner *of the town's combination cafe and bike shop, Hugh*

Kingston, had a thought. He suggested ***that*** *reusable bottles* ⁸**(G)** *be*

sold.

然後鎮上的複合式咖啡廳和自行車店的老闆休·金斯頓有一個想法。他建
議可重複使用的瓶子<u>應該被</u>出售。
8

 * combination⁴ 〔ˌkɑmbə'neʃən 〕 *adj.* 組合的；混合的；兩用的
 thought¹ 〔 θɔt 〕 *n.* 想法；見解
 suggest³ 〔 səg'dʒɛst 〕 *v.* 建議；提議
 reusable 〔 ri'juzəbḷ 〕 *adj.* 可重複使用的

8. (**G**) suggest（建議）為欲望動詞，其用法為：

suggest that + S. + (should) + V 原，

依句意，應該「被」出售，為被動，故選 (G) *be*。

Residents are able to fill the bottles [9](C) *for free* at public water

fountains, *or* pay a small fee to fill them with filtered water kept in

stores. The reusable bottles [10](E) bear the slogan "*Bundy on Tap.*"

This idea has *also* been supported *by shopkeepers in the town.*

居民可以用這些瓶子，在公共飲水機上免費裝水，或付一小筆費用，去裝

在商店裡的過濾水。這些可重複使用的瓶子上會有 "Bundy on Tap"（一開

水龍頭就有水喝的邦達努鎮）這個口號。這個想法也得到了鎮上的店主的

支持。

* ***be able to*** 能夠 　 public[1]（'pʌblɪk）*adj.* 公眾的
  fountain[3]（'faʊntn̩）*n.* 飲水器；噴泉
  fill[1]（fɪl）*v.* 裝滿；填滿 　 filter[5]（'fɪltɚ）*v.* 過濾
  slogan[4]（'slogən）*n.* 口號
  Bundy（'bʌndɪ）*n.* 邦迪【是 Bundanoon 的簡稱】
  tap[4]（tæp）*n.* 水龍頭（= *faucet*[3]）【tap water（自來水）】
  on tap （啤酒桶等）裝有活嘴而可隨時被取用的；需要時即可獲得的
  support[2]（sə'port）*v.* 支持
  shopkeeper（'ʃɑpˌkipɚ）*n.* 店主；老闆

9. (**C**) *for free* 免費

10. (**E**) bear[2]（bɛr）*v.* 有

TEST 18

說明： 第 1 至 10 題，每題一個空格。請依文意在文章後所提供的 (A) 到 (L) 選項中分別選出最適當者。

Over a hundred years ago, Charles Dickens shocked many of his readers when he described the conditions under ___1___ young children worked in British factories. The conditions Dickens described remain almost ___2___ today in many parts of the world. The only difference is that today employment of children is ___3___ to small industries and family businesses, such as hotels, restaurants and particularly farms, rather than being primarily ___4___ large factories.

Girls suffer more from child labor ___5___ than boys. Many of them are forced to start work when they are only ten years old. It's often harmful to their health ___6___ the work they are given to do is often light. Recently, children as young as six years old were found to be working in Asian factories, and the children were working from eight to fourteen hours a day in overcrowded and unhealthy working

___7___. Sometimes a whole family group is employed,

___8___ the payment going to a parent or older relative. The

children not only receive nothing or very little for their long

hours of work, but they are also ___9___ from going to

school. The solution to the problem of child labor is clearly

better laws to protect young children, greater supervision of

the industries and heavier ___10___ for those who break the

laws. Only in this way can young boys and girls be allowed

to enjoy their childhood.

(A) even though   (B) prevented   (C) unchanged

(D) fines   (E) conditions   (F) in

(G) which   (H) limited   (I) with

(J) practices   (K) vampire   (L) where

TEST 18 詳解

Over a hundred years ago, Charles Dickens shocked many *of his*

readers **when** *he described the conditions under* [1]**(G)** *which young*

children worked in British factories.

　　一百多年前，當查爾斯・狄更斯描述了年幼孩子在英國工廠工作的環境時，震驚了他的許多讀者。

* Charles Dickens〔'tʃɑrlz 'dɪkɪnz〕*n.* 查爾斯・狄更斯【1812-1870，英國小説家】
　shock[2]〔ʃɑk〕*v.* 使震驚　　reader[1]〔'ridɚ〕*n.* 讀者
　describe[2]〔dɪ'skraɪb〕*v.* 描寫
　conditions[3]〔kən'dɪʃənz〕*n. pl.* 環境；情況
　British〔'brɪtɪʃ〕*adj.* 英國的　　factory[1]〔'fæktərɪ〕*n.* 工廠

1. (**G**) 空格應填關代，代替先行詞 the conditions，選 (G) **which**。

The conditions Dickens described remain *almost* [2]**(C)** *unchanged*

today in many parts of the world. The *only* difference is **that** *today*

employment of children is [3]**(H)** *limited to small industries* **and** *family*

businesses, such as hotels, restaurants **and** *particularly farms,* **rather**

than *being primarily* [4]**(F)** *in large factories.*

狄更斯所描述的情況，在現今世界上的許多地方，幾乎依然<u>沒變</u>。唯一的
2
不同是，現在受雇的童工只<u>限</u>於小型企業和家族事業，如飯店、餐廳，特
3
別是農場，而主要不是<u>在</u>大型工廠。
4

* remain³〔rɪ'men〕v. 依然　　difference²〔'dɪfərəns〕n. 不同
today¹〔tə'de〕adv. 現今　　employment³〔ɪm'plɔɪmənt〕n. 僱用
industry²〔'ɪndəstrɪ〕n. 工業；企業
particularly²〔pə'tɪkjələlɪ〕adv. 尤其；特別是
primarily³〔'praɪ,mɛrəlɪ〕adv. 主要地

2. (**C**) unchanged〔ʌn'tʃendʒd〕adj. 未改變的；無變化的

3. (**H**) limit²〔'lɪmɪt〕v. 限制　　***be limited to*** 侷限於

4. (**F**) 依句意，選 (F) ***in***。

Girls suffer *more from child labor* ⁵(**J**) *practices* ***than*** boys.　Many

of them are forced to start work ***when*** *they are only ten years old*.　It's

often harmful *to their health* ⁶(**A**) ***even though*** the work they are given

to do is often light.

　這種雇用童工的<u>慣例</u>，女孩比男孩更深受其害。他們之中很多人才只
5
有十歲時，就被迫開始工作。這通常對他們的健康有害，<u>即使</u>他們所做的
6
工作往往很輕鬆。

* suffer³〔'sʌfə〕v. 遭受　　***suffer from*** 受…之苦

labor[4] (ˈlebɚ) *n.* 勞動　　force[1] (fors) *v.* 強迫
harmful[3] (ˈhɑrmfəl) *adj.* 有害的　　health[1] (hɛlθ) *n.* 健康
light[1] (laɪt) *adj.* (工作) 容易的；輕鬆的

5. (**J**) practice[1] (ˈpræktɪs) *n.* 慣例；習俗

6. (**A**) 依句意，「即使」他們所做的工作往往很輕鬆，選 (A) *even though*。

Recently, children *as young **as** six years old* were found to be working

in Asian factories, **and** the children were working *from eight to fourteen*

*hours a day in overcrowded **and** unhealthy working* [7](E) conditions.

最近，年僅六歲的兒童被發現在亞洲工廠裡工作，而且這些兒童在過度擁
擠和不健康的環境，每天工作八到十四小時。

* recently[2] (ˈrisntlɪ) *adv.* 最近　　Asian (ˈeʃən) *adj.* 亞洲的
  overcrowded[2] (ˌovɚˈkraʊdɪd) *adj.* 過度擁擠的
  unhealthy[2] (ʌnˈhɛlθɪ) *adj.* 不健康的

  | conditions *n.* 環境 |
  | = surroundings |
  | = circumstances |

7. (**E**) conditions[3] (kənˈdɪʃənz) *n. pl.* 環境

Sometimes a whole family group is employed, [8](I) *with the payment*

*going to a parent **or** older relative.* The children **not only** receive

nothing *or* very little *for their long hours of work*, **but** they are *also*

[9](B) prevented from going to school.

有時，全家人受雇的報酬，會交給父親或母親，或是較年長的親戚。這些
　　　　　　8

童工不僅長時間工作沒有得到報酬，或是只得到很少的錢，而且他們上學

也會受阻。
　　9

* whole[1] (hol) *adj.* 整個的　　　group[1] (grup) *n.* 群體
  employ[3] (ɪm'plɔɪ) *v.* 雇用　　payment[1] ('pemənt) *n.* 報酬
  relative[4] ('rɛlətɪv) *n.* 親戚　　receive[1] (rɪ'siv) *v.* 接受；得到
  hours[1] (aʊrz) *n. pl.* 時間

8. (**I**) 表「附帶狀況」，須用「with + 受詞 + V-ing/p.p.」，選 (I) ***with***。

9. (**B**) prevent[3] (prɪ'vɛnt) *v.* 妨礙；阻止

   prevent *sb.* ***from V-ing*** 阻止某人…；使某人無法…

The solution *to the problem of child labor* is *clearly* better laws *to*

*protect young children, greater supervision of the industries **and** heavier*

[10]**(D)** *fines for those **who** break the laws.* | *Only in this way* can young

boys ***and*** girls be allowed to enjoy their childhood.

解決童工問題的辦法，很顯然是要有更好的法律，保護幼童、對企業有更
佳的監督，以及對違法者處以更重的罰款。只有這樣，才能讓年幼的男孩
和女孩享受他們的童年。
　　　　　　　　　　　　　　　　　　10

* solution[2] (sə'luʃən) *n.* 解決之道 < *to* >
  clearly[1] ('klɪrlɪ) *adv.* 顯然；無疑地　　law[1] (lɔ) *n.* 法律
  protect[2] (prə'tɛkt) *v.* 保護
  supervision[6] (,supɚ'vɪʒən) *n.* 監督；管理
  heavy[1] ('hɛvɪ) *adj.* 重的；大量的；不堪負擔的
  break[1] (brek) *v.* 違反（法律）　　***in this way*** 以這種方式；這樣
  allow[1] (ə'laʊ) *v.* 讓　　childhood[3] ('tʃaɪld,hʊd) *n.* 童年

10. (**D**) fine[1] (faɪn) *n.* 罰款

TEST 19

說明： 第 1 至 10 題，每題一個空格。請依文意在文章後所提供的(A)到(L)
選項中分別選出最適當者。

Athletes and sports competitors compete in organized,
officiated sports events to entertain spectators. When
playing a game, athletes are required to understand the
strategies of their game and ___1___ the rules and regulations
of the sport. The events in which they compete include both
___2___ sports, such as baseball, basketball, and soccer, and
individual sports, such as golf, tennis, and bowling. The
level of play varies from unpaid high school athletics to
___3___ sports, in which the best from around the world
compete in events broadcast on international television.
However, being an athlete involves more than competing in
athletic events.

Athletes spend many hours each day practicing skills
and improving teamwork under the ___4___ of a coach or a
sports instructor. They view videotapes not only to criticize

their own performances and __5__ but also to learn their

opponents' tendencies and weaknesses to gain a competitive

advantage. Some athletes work out regularly with strength

trainers to gain muscle and to __6__ injury. Many athletes

push their bodies __7__ during both practice and play, so

career-ending injury is always a risk. Even minor injuries

may put a player __8__ of replacement. Because

competition at all levels is extremely intense and job

security is always unstable, many athletes train year-round

to maintain __9__ form and technique and peak physical

condition. Athletes must also __10__ to strictly controlled

diets during their sports season to supplement any physical

training program.

(A) conform   (B) prevent   (C) obey

(D) guidance   (E) excellent   (F) techniques

(G) professional   (H) team   (I) at risk

(J) to the limit   (K) reform   (L) technology

TEST 19 詳解

Athletes **and** sports competitors compete *in organized, officiated sports events to entertain spectators.* **When** *playing a game*, athletes are required to understand the strategies *of their game* **and** [1](**C**) obey the rules **and** regulations *of the sport.*

運動員和運動參賽者參加有組織、有裁判的體育競賽來娛樂觀眾。當參與競賽時，運動員需要了解他們的比賽策略，並<u>遵守</u>運動的規則和規定。
1

* athlete[3] ('æθlɪt) *n.* 運動員　　sports[1] (spɔrts) *adj.* 運動的
competitor[4] (kəm'pɛtətə) *n.* 競爭者；對手
compete[3] (kəm'pit) *v.* 競爭
organized[2] ('ɔrgən,aɪzd) *adj.* 有組織的；有系統的
officiated (ə'fɪʃɪ,etd) *adj.* 有 (運動) 裁判的
event[2] (ɪ'vɛnt) *n.* (運動比賽) 項目
entertain[4] (,ɛntə'ten) *v.* 娛樂　　spectator[5] ('spɛktetə) *n.* 觀眾
require[2] (rɪ'kwaɪr) *v.* 需要　　strategy[3] ('strætədʒɪ) *n.* 策略
regulation[4] (,rɛgjə'leʃən) *n.* 規定

1. (**C**)　obey[2] (ə'be) *v.* 遵守 (= *follow*[1] = *observe*[3])

The events *in* **which** *they compete* include both [2](**H**) team sports, *such as baseball, basketball,* **and** *soccer,* **and** *individual sports, such as golf, tennis,* **and** *bowling.*

在他們競賽的項目包括<u>團體</u>運動，像是棒球、籃球和足球，以及個人運動，
2
像高爾夫、網球和保齡球。

* soccer² 〔'sakɚ〕 *n.* 足球
individual³ 〔ˏɪndə'vɪdʒʊəl〕 *adj.* 個人的
golf² 〔gɑlf〕 *n.* 高爾夫球　　tennis² 〔'tɛnɪs〕 *n.* 網球
bowling² 〔'bolɪŋ〕 *n.* 保齡球

2. (**H**) team² 〔tim〕 *adj.* 團隊的

The level *of play* varies *from unpaid high school athletics to*

³(G) *professional* sports, *in which the best from around the world*

compete in events broadcast on international television.　However,

being an athlete involves more than competing *in athletic events.*
比賽的級別從無酬的高中競賽到職業的競賽是各有不同，職業的競賽有來
自世界各地的好手，在國際電視台播放的運動項目中競賽。然而，作爲一
名運動員，不僅僅在體育活動中競賽而已。

* level¹ 〔'lɛvḷ〕 *n.* 層級；等級
play¹ 〔ple〕 *n.* 比賽；競賽　　vary³ 〔'vɛrɪ〕 *v.* 不同
unpaid 〔ʌn'ped〕 *adj.* 無報酬的
athletics⁴ 〔æθ'lɛtɪks〕 *n. pl.* 競賽；運動
the best 佼佼者　***from around the world*** 來自世界各地
broadcast² 〔'brɔdˏkæst〕 *v.* 播送
international² 〔ˏɪntɚ'næʃənḷ〕 *adj.* 國際性的
involve⁴ 〔ɪn'vɑlv〕 *v.* 與…有關；需要
athletic⁴ 〔æθ'lɛtɪk〕 *adj.* (運動) 競賽的；體育的
athletic event 競賽項目

3. (**G**) professional² 〔prə'fɛʃənḷ〕 *adj.* 職業的

Athletes spend many hours *each day practicing skills **and***

improving teamwork under the [4](D) *guidance of a coach **or** a sports*

instructor. They view videotapes ***not only** to criticize their own*

*performances **and*** [5](F) *techniques **but also** to learn their opponents'*

*tendencies **and** weaknesses to gain a competitive advantage.*

在教練或體育指導員的指導下，運動員每天花數小時在鍛練技能和增
          4
進團隊默契。他們觀看錄影帶，不僅是要評論自己的成果和技巧，而且要
知道對手的傾向和弱點，以取得競爭優勢。
                    5

* skill[1] 〔 skɪl 〕 n. 技巧；技能　improve[2] 〔 ɪm'pruv 〕 v. 改善；增進
teamwork 〔'tim,wɜk 〕 n. 團隊合作　coach[2] 〔 kotʃ 〕 n. 教練
instructor[4] 〔 ɪn'strʌktə 〕 n. 教練；指導者　view[1] 〔 vju 〕 v. 看
videotape 〔'vɪdɪo,tep 〕 n. 錄影帶
not only…but also 不僅…而且
criticize[4] 〔'krɪtə,saɪz 〕 v. 批評；評論
performance[3] 〔 pə'fɔrməns 〕 n. 表現　learn[1] 〔 lɜn 〕 v. 得知
opponent[5] 〔 ə'ponənt 〕 n. 對手
tendency[4] 〔'tɛndənsɪ 〕 n. 傾向；偏好
weakness[1] 〔'wiknɪs 〕 n. 弱點；缺點
gain[2] 〔 gen 〕 v. 獲得　competitive[4] 〔 kəm'pɛtətɪv 〕 adj. 競爭的
advantage[3] 〔 əd'væntɪdʒ 〕 n. 優點；優勢

4. (**D**) guidance[3] 〔'gaɪdns 〕 n. 指導
    ***under the guidance of** sb.* 在某人的指導下

5. (**F**) technique[3] 〔 tɛk'nik 〕 n. (運動或藝術的) 技巧；技術

Some athletes work out *regularly with strength trainers to gain muscle*

and to [6](B) *prevent* injury. Many athletes push their bodies [7](J) *to the*

*limit during both practice **and** play, **so*** career-ending injury is *always* a

risk. *Even* minor injuries may put a player [8](I) *at risk of replacement.*

有些運動員會定期與肌力訓練員一起鍛練肌肉，以<u>防止</u>受傷。因為許多運
　　　　　　　　　　　　　　　　　　　　　　　　　　　6
動員在練習和比賽期間，都在挑戰他們身體<u>的極限</u>，所以終結職業生涯的
　　　　　　　　　　　　　　　　　　　7
傷害總是在所難免。即使是輕傷，也有可能使選手<u>有</u>被更換的<u>風險</u>。
　　　　　　　　　　　　　　　　　　　　8　　　　　　8

　　* ***work out*** 做大運動量的鍛練
　　　regularly[2] (ˈrɛgjələlɪ) *adv.* 定期地；規律地
　　　strength[3] (strɛŋθ) *n.* 力量；力氣
　　　trainer[1] (ˈtrenɚ) *n.* 訓練員；(體育運動等) 教練
　　　muscle[3] (ˈmʌsḷ) *n.* 肌肉；力氣
　　　injury[3] (ˈɪndʒərɪ) *n.* 傷害
　　　career[4] (kəˈrɪr) *n.* (終身的) 職業
　　　risk[3] (rɪsk) *n.* 危險；風險
　　　push[1] (puʃ) *v.* 驅策；逼；迫使
　　　minor[3] (ˈmaɪnɚ) *adj.* 較小的
　　　put[1] (put) *v.* 使處於 (某種狀態)
　　　replacement[3] (rɪˈplesmənt) *n.* 更換

6. (**B**) prevent[4] (prɪˈvɛnt) *v.* 防止；預防

7. (**J**) 依句意，選 (J) ***to the limit*** 「到極限」。
　　　limit[2] (ˈlɪmɪt) *n.* 極限

8. (**I**) ***at risk of*** 有…的風險

Because competition at all levels is extremely intense **and** job security is always unstable, many athletes train year-round to maintain [9](E) excellent form **and** technique **and** peak physical condition.

由於各級運動競賽競爭非常激烈，加上工作保障總是不穩定，所以許多運動員會受訓一整年，以保持<u>優秀的</u>健康狀況、技巧，以及巔峰的體能狀態。

* extremely³〔 ɪk'strimlɪ 〕adv. 極端地；非常
  intense⁴〔 ɪn'tɛns 〕adj. 強烈的；劇烈的
  security³〔 sɪ'kjurətɪ 〕n. 安全；保證；保障
  job security 工作保障；職業保障
  unstable³〔 ʌn'stebḷ 〕adj. 不穩定的　　train¹〔 tren 〕v. 受訓練
  year-round〔'jɪr,raund 〕adv. 全年地；一年到頭
  maintain²〔 men'ten 〕v. 維持；保持
  form²〔 fɔrm 〕n. 體能狀態；健康狀況
  peak³〔 pik 〕adj. 高峰時期的；(水平)最高的
  physical⁴〔'fɪzɪkḷ 〕adj. 身體的
  condition³〔 kən'dɪʃən 〕n. 情況；(健康)狀況

9. (**E**) excellent²〔'ɛksḷənt 〕adj. 優秀的

Athletes must also ¹⁰(A) conform to strictly controlled diets during their sports season to supplement any physical training program.

運動員在體育賽季也必須<u>遵守</u>嚴格的飲食控制，作任何體能訓練課程的補充。

* strictly²〔'strɪktlɪ 〕adv. 嚴格地　　diet³〔'daɪət 〕n. 飲食
  season¹〔'sizṇ 〕n. 季；活動時期【如：baseball season (棒球季)】
  supplement⁶〔'sʌplə,mɛnt 〕v. 補充；補足
  program³〔'progræm 〕n. 課程

10. (**A**) conform⁶〔 kən'fɔrm 〕v. 遵守 < to >

TEST 20

A carbon footprint is a measure of the ___1___ our
activities have on the environment, and in particular climate
change. It relates to the amount of greenhouse gases we
individually produce.

A carbon footprint is made up of the sum of two parts,
the ___2___ footprint and the secondary footprint. The
former footprint is a measure of our direct emissions of CO_2
from the burning of fossil fuels including ___3___ energy
consumption and transportation. We have direct control of
these. The latter footprint is a measure of the indirect CO_2
emissions from the whole lifecycle of products we
use—those associated with their manufacture and ___4___
breakdown. To put it very simply—the more we buy, the
more emissions will be caused on our ___5___.

For individuals to reduce their carbon footprint, here's a list of nine simple things, among many others, they can do immediately. Things like these can save a lot of money and ___6___ help reduce global warming:

- Turn it off when not in use (lights, television, DVD player, Hi Fi, computer, etc.).
- Hang out the washing to dry rather than ___7___ drying it.
- Recycle your ___8___ water.
- Don't buy bottled water if your tap water is safe to drink.
- Reduce your consumption of meat.
- Don't buy over-___9___ products.
- Recycle as much as possible.
- Fill the kettle with only as much water as you need.
- ___10___ out for and avoid buying unnecessary products.

(A) tumble	(B) eventual	(C) gray
(D) packaged	(E) behalf	(F) significantly
(G) primary	(H) look	(I) impact
(J) domestic	(K) pick	(L) event

TEST 20 詳解

A carbon footprint is a measure *of the* [1]*(I) impact our activities*

have on the environment, **and** *in particular* climate change. It relates

to the amount *of greenhouse gases we individually produce.*

碳足跡是我們的活動對環境影響的衡量方式，特別是對氣候變化。它
　　　　　　　　　　　　　1
跟我們個人產生溫室氣體的數量有關。

* carbon[5] ('karbən) *n.* 碳
    footprint ('fut,prɪnt) *n.* 腳印；足跡
    carbon footprint 碳足跡
    measure[2,4] ('mɛʒɚ) *n.* 測量；衡量方式
    activity[3] (æk'tɪvətɪ) *n.* 活動
    environment[2] (ɪn'vaɪrənmənt) *n.* 環境
    particular[2] (pɚ'tɪkjəlɚ) *adj.* 特別的
    in particular 尤其；特別是
    climate[2] ('klaɪmɪt) *n.* 氣候　　change[2] (tʃendʒ) *n.* 改變
    relate[3] (rɪ'let) *v.* 有關連　　***relate to*** 跟…有關
    amount[2] (ə'maʊnt) *n.* 數量
    greenhouse[3] ('grin,haʊs) *n.* 溫室
    gas[1] (gæs) *n.* 氣體
    greenhouse gas 溫室氣體
    individually[3] (,ɪndə'vɪndʒʊəlɪ) *adv.* 個別地
    produce[2] (prə'djus) *v.* 生產；製造

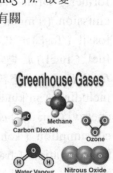

1. (I) impact[4] ('ɪmpækt) *n.* 影響 < *on* >

A carbon footprint is made up of the sum *of two parts, the*

[2](G) *primary footprint* **and** *the secondary footprint.*

碳足跡是由兩部分組成，即主要碳足跡和次要碳足跡。

2

    * *be made up of* 由…組成   sum[3] 〔 sʌm 〕 *n.* 總數
    secondary[3] 〔 'sɛkənd͵ɛrɪ 〕 *adj.* 次要的；次級的

2. (**G**) primary[3] 〔 'praɪ͵mɛrɪ 〕 *adj.* 主要的；基本的

The former footprint is a measure *of our direct emissions of CO_2 from*

the burning of fossil fuels including [3](J) *domestic energy consumption*

and *transportation.* We have direct control *of these.*

前者的碳足跡是我們燃燒石化燃料（包括國內能源消耗和交通運輸）所直

3

接排放二氧化碳的量。我們能直接控制這些。

    * former[2] 〔 'fɔrmɚ 〕 *adj.* 前者的   direct[1] 〔 də'rɛkt 〕 *adj.* 直接的
    emission[3] 〔 ɪ'mɪʃən 〕 *n.* 排放；排出物（質）
    fossil[4] 〔 'fasḷ 〕 *n.* 化石
    fuel[4] 〔 'fjuəl 〕 *n.* 燃料
    fossil fuel 石化燃料【如煤、石油、天然氣等】
    including[4] 〔 ɪn'kludɪŋ 〕 *prep.* 包括
    energy[2] 〔 'ɛnədʒɪ 〕 *n.* 能源
    consumption[6] 〔 kən'sʌmpʃən 〕 *n.* 消耗

Fossil Fuel

coal   oil   natural gas

    transportation[4] 〔͵trænspɚ'teʃən 〕 *n.* 交通運輸
    control[2] 〔 kən'trol 〕 *n.* 控制

3. (**J**) domestic[3] 〔 də'mɛstɪk 〕 *adj.* 國內的

The latter footprint is a measure *of the indirect CO_2 emissions from*

the whole lifecycle of products we use—those associated with their

manufacture and [4]*(B) eventual breakdown.* *To put it very simply—the*

more we buy, the more emissions will be caused *on our* [5]*(E) behalf.*
後者的碳足跡是我們所使用產品的整個生命週期，與製造和最終分解有關
4
的間接二氧化碳排放量。非常簡單的說——我們買的越多，因為我們所造成
的碳排放量就越多。
5

* latter[3] 〔'lætɚ〕 *adj.* 後者的　　indirect[1] 〔,ɪndə'rɛkt〕 *adj.* 間接的
lifecycle 〔'laɪf,saɪkḷ〕 *n.* 生命週期　　product[3] 〔'prɑdəkt〕 *n.* 產品
associate[4] 〔ə'soʃɪ,et〕 *v.* 使有關連　　*be associated with* 與…有關
manufacture[4] 〔,mænjə'fæktʃɚ〕 *n.* 製造
breakdown[6] 〔'brek,daʊn〕 *n.* 【化】分解　　put[1] 〔put〕 *v.* 說
to put it in simple 簡單地說　　*the more…the more* 越…就越

4. (**B**) eventual[4] 〔ɪ'vɛntʃʊəl〕 *adj.* 最後的

5. (**E**) behalf[5] 〔bɪ'hæf〕 *n.* 代表；方面
　　on one behalf 因為某人

For individuals to reduce their carbon footprint, here's a list *of*

nine simple things, among many others, they can do immediately.

Things *like these* can save a lot of money *and* [6]*(F) significantly* help

reduce global warming:

　　對於那些想減少碳足跡的人來說，這裡列出九件簡單的事情，其中包括許多可以立即做的事情。做這樣的事情可以省很多錢，而且能<u>大大</u>有助於減低全球暖化：
6

* individual³ 〔͵ɪndə'vɪdʒʊəl 〕 *n.* 個人
  reduce³ 〔 rɪ'djus 〕 *v.* 減少；降低　　list¹ 〔 lɪst 〕 *n.* 清單
  among¹ 〔 ə'mʌŋ 〕 *prep.* 在…當中
  among (many) others 其中包括
  immediately³ 〔 ɪ'midɪɪtlɪ 〕 *adv.* 立刻
  save¹ 〔 sev 〕 *v.* 節省　　global³ 〔'globḷ 〕 *adj.* 全球的
  warming¹ 〔'wɔrmɪŋ 〕 *n.* 溫暖；加溫　　***global warming*** 全球暖化

6. (**F**)　significantly⁶ 〔 sɪg'nɪfəkənt 〕 *adv.* 顯著地；大大地

- Turn it off ***when*** *not in use* (lights, television, DVD player, Hi Fi, computer, etc.).

- Hang out the washing *to dry **rather than*** ⁷**(A)** <u>tumble</u> drying it.

- Recycle your ⁸**(C)** <u>gray</u> water.

- Don't buy bottled water ***if*** *your tap water is safe to drink.*

- 不使用時要關掉（燈、電視機、DVD 播放器、Hi Fi、電腦等）。
- 晾乾洗滌衣物而不是<u>烘乾</u>。
7
- 回收再利用<u>可循環的</u>水。
8
- 如果自來水可安全飲用，不要購買瓶裝水。

tumble dryer

* ***turn off*** 關掉（電源）
  Hi Fi 〔'haɪ 'faɪ 〕 *n.* 高傳眞音響（ = *high-fidelity* ）
  hang out 掛出　　washing¹ 〔'waʃɪŋ 〕 *n.* 洗的衣物
  dry¹ 〔 draɪ 〕 *v.* 變乾；使變乾
  recycle⁴ 〔 ri'saɪkḷ 〕 *v.* 回收；再利用

bottled[2]〔 'batḷd 〕 *adj.* 瓶裝的

tap[4,3]〔 tæp 〕 *n.* 水龍頭　　***tap water*** 自來水

7. (**A**) tumble[3]〔 'tʌmbḷ 〕 *v.* 使翻滾；用烘乾機烘乾
　　　tumble dryer 烘乾機

8. (**C**) 生活污水可分許多類，其中泛指一般洗盥、沐浴和洗衣等的污
　　　水，稱爲 ***gray water*** 「可循環水；可再利用的廢水」。

● Reduce your consumption *of meat.*

● Don't buy over-[9](**D**) packaged products.

● Recycle *as much as possible.*

● Fill the kettle *with only as much water* **as you need.**

●[10](**H**) Look out for *and* avoid buying unnecessary products.

● 減少肉類的食用。
● 不要買過度包裝的產品。
　　　　9
● 盡可能回收再利用。
● 只注入所需的水量進熱水壺。
● 留心且避免購買非必要的產品。
　10

kettle

　　* consumption[6]〔 kən'sʌmpʃən 〕 *n.* 消耗；吃（喝）
　　　meat[1]〔 mit 〕 *n.* 肉　　fill[1]〔 fɪl 〕 *v.* 使充滿
　　　kettle[3]〔 'kɛtḷ 〕 *n.* 茶壺　　avoid[2]〔 ə'vɔɪd 〕 *v.* 避免
　　　unnecessary[2]〔 ʌn'nɛsə,sɛrɪ 〕 *adj.* 非必要的

9. (**D**) package[2]〔 'pækɪdʒ 〕 *v.* 包裝　　over-package *adj.* 過度包裝的

10. (**H**) ***look out for*** 當心；注意

TEST 21

說明： 第 1 至 10 題，每題一個空格。請依文意在文章後所提供的 (A) 到 (L) 選項中分別選出最適當者。

30 St. Mary Axe is one of Europe's first green skyscrapers. It opened in 2004 in London's financial district, and at 40 stories high it ___1___ the city's skyline. Shaped like a giant glass bullet, the skyscraper's green design allows it to use 50 percent less energy than most buildings its ___2___. Gaps in each floor create six huge shafts that ___3___ a natural ventilation system, with gardens on every sixth floor to ___4___ the air. The shafts move hot air out of the building in summer, and use solar energy to heat the building in the winter. All of this is done, amazingly, without electric heaters or fans. The shafts also allow sunlight to ___5___ the building, creating a pleasant working environment and keeping lighting costs down.

Although 30 St. Mary Axe is all curves, only one piece

of curved glass was used to make it. None of the __6__

of the glass had to be specially made, saving money and

conserving natural resources. The aerodynamic shape of

the building allows air to flow __7__ around it, making it

safer in storms. This shape also allows more sunlight—

and less wind—to reach street level, so walking nearby is

more comfortable for pedestrians. And as the building's

foundation is small and round, there was plenty of space

__8__ to create a beautiful plaza for public use. In

December 2005 this magnificent green skyscraper was

voted the most __9__ new building in a survey of the

world's largest __10__ firms.

(A) size   (B) architecture   (C) rest

(D) dominates   (E) admired   (F) purify

(G) smoothly   (H) left over   (I) pass through

(J) serve as   (K) magnify   (L) nominates

TEST 21 詳解

30 St. Mary Axe is one *of Europe's first green skyscrapers*. It opened *in 2004 in London's financial district*, **and** *at 40 stories high* it [1](**D**) dominates the city's skyline.

聖瑪莉・艾克斯 30 號大樓是歐洲第一座綠能摩天大樓。2004 年，它在倫敦的金融區啓用，而且它四十層樓高，主宰了倫敦市的天際線。
1

* axe[3] 〔 æks 〕 *n.* 斧頭（= *ax*[3]）
30 St. Mary Axe 聖瑪莉・艾克斯 30 號大樓
skyscraper[3] 〔'skaɪ,skrepɚ〕 *n.* 摩天大樓
open[1] 〔'opən〕 *v.* 開放；開幕
London 〔'lʌndən〕 *n.* 倫敦
financial[4] 〔faɪ'nænʃəl〕 *adj.* 金融的
district[4] 〔'dɪstrɪkt〕 *n.* 地區   story[1] 〔'storɪ〕 *n.* 樓層
skyline 〔'skaɪ,laɪn〕 *n.* 天際線

1. (**D**) dominate[4] 〔'dɑmə,net〕 *v.* 支配；在…中佔主要地位

Shaped like a giant glass bullet, the skyscraper's green design allows it to use 50 percent less energy *than* *most buildings its* [2](**A**) *size*.

這棟摩天大樓的外形像巨型的玻璃子彈，它的環保設計比大多數和它同樣大小建築物的能源消耗少了百分之五十。
2

* shaped[1] 〔 ʃept 〕 *adj.* 具有…形狀   giant[2] 〔'dʒaɪənt〕 *adj.* 巨大的
bullet[3] 〔'bulɪt〕 *n.* 子彈   green[1] 〔 grin 〕 *adj.* 綠色的；環保的
design[2] 〔 dɪ'zaɪn 〕 *n.* 設計   allow[1] 〔 ə'laʊ 〕 *v.* 讓
percent[4] 〔 pɚ'sɛnt 〕 *n.* 百分之…   energy[2] 〔'ɛnɚdʒɪ〕 *n.* 能源

2. (**A**)　size[1]〔saɪz〕*n.* 尺寸；大小

　　　buildings its size (= buildings of its size)

Gaps in each floor create six huge shafts ***that*** [3]**(J)** *serve as a natural*

ventilation system, with gardens on every sixth floor to [4]**(F)** *purify the*

air. The shafts move hot air *out of the building in summer,* ***and*** use

solar energy *to heat the building in the winter.*

每個樓層的間距創造了六個巨大的通風井，能充當天然的通風系統，而每
　　　　　　　　　　　　　　　　　　3
六層樓就有花園，能淨化空氣。這些通風井在夏天時能將熱空氣從建築物
　　　　　　4
中移出，而在冬天則用太陽能使建築物溫暖。

> * gap[3]〔gæp〕*n.* 裂縫；差距　　create[2]〔krɪ'et〕*v.* 創造
> huge[1]〔hjudʒ〕*adj.* 巨大的　　shaft[1]〔ʃæft〕*n.* 通風井
> natural[2]〔'nætʃərəl〕*adj.* 天然的
> ventilation〔͵vɛntl̩'eʃən〕*n.* 通風
> system[1]〔'sɪstəm〕*n.* 系統　　garden[1]〔'gɑrdn̩〕*n.* 花園
> floor[1]〔flor〕*n.* 樓層　　***every sixth floor*** 每六層樓
> move[1]〔muv〕*v.* 移動；搬家　　***out of*** 向…外面
> solar[4]〔'solɚ〕*adj.* 太陽的　　***solar energy*** 太陽能
> heat[1]〔hit〕*v.* 使溫暖

3. (**J**)　***serve as*** 充當；當作

4. (**F**)　purify[6]〔'pjʊrə͵faɪ〕*v.* 淨化

All *of this* is done, *amazingly*, *without electric heaters or fans*. The shafts *also* allow sunlight *to* <u>⁵(I) *pass through* the building</u>, *creating a pleasant working environment and keeping lighting costs down*.

令人驚訝的是，所有的這一切，沒有使用電暖器或電風扇就達成了。通風井還能讓陽光通過建築物，創造愉快的工作環境，並控制照明成本。
5

* amazingly³ ﹝ə'mezɪŋlɪ﹞ *adv.* 令人驚訝地
  electric³ ﹝ɪ'lɛktrɪk﹞ *adj.* 電動的
  heater² ﹝'hitɚ﹞ *n.* 暖氣機
  fan³,¹ ﹝fæn﹞ *n.* 風扇
  sunlight ﹝'sʌn,laɪt﹞ *n.* 陽光
  pleasant² ﹝'plɛzn̩t﹞ *adj.* 令人愉快的
  environment² ﹝ɪn'vaɪrənmənt﹞ *n.* 環境
  lighting¹ ﹝'laɪtɪŋ﹞ *n.* 照明設備　　***keep down*** 控制

| working environment 工作環境 |
| learning environment 學習環境 |
| home environment 家庭環境 |

5. (I) ***pass through*** 通過；穿過

***Although** 30 St. Mary Axe is all curves*, only one piece of curved glass was used *to make it*. None *of the* ⁶(C) *rest of the glass* had to be *specially* made, *saving money and conserving natural resources*.

雖然聖瑪莉·艾克斯 30 號大樓全部都是曲面，但是它只用了一片彎曲的玻璃。其餘的玻璃都不必特別製作，這節省了金錢也保護了天然資源。
6

* curve⁴ ﹝kɝv﹞ *n.* 曲線；曲面
  piece¹ ﹝pis﹞ *n.* 片；張
  curved⁴ ﹝kɝvd﹞ *adj.* 彎曲的
  conserve⁵ ﹝kən'sɝv﹞ *v.* 節省；保護

| con**serve** 節省；保護 |
| pre**serve** 保存；保護 |
| re**serve** 保留；預訂 |

resource[3] ﹝ rɪ'sors ﹞ *n.* 資源
natural resources 天然資源

6. (**C**) rest[1] ﹝ rɛst ﹞ *n.* 其餘的人或物

The aerodynamic shape *of the building* allows air *to flow* [7]**(G)** *smoothly around it, making it safer in storms.* This shape *also* allows more sunlight—***and*** less wind—*to reach street level,* **so** walking *nearby* is *more* comfortable *for pedestrians.*

建物流線型的形狀讓空氣平穩地流動，使其在暴風雨中更安全。這種外形
　　　　　　　　　　　　7
也讓更多的陽光照到和更少的風吹到街道，所以對於行人來說，在附近走
動會更舒適。

　　* aerodynamic[1] ﹝ˌɛrodaɪ'næmɪk ﹞ *adj.* 流線型的；空氣力學的
　　　shape[1] ﹝ ʃep ﹞ *n.* 形狀　　　flow[2] ﹝ flo ﹞ *v.* 流
　　　reach[1] ﹝ ritʃ ﹞ *v.* 抵達　　level[1] ﹝ 'lɛvḷ ﹞ *n.* 高度
　　　nearby[2] ﹝'nɪr'baɪ ﹞ *adv.* 在附近
　　　comfortable[2] ﹝'kʌmfətəbḷ ﹞ *adj.* 舒服的；舒適的
　　　pedestrian[6] ﹝ pə'dɛstrɪən ﹞ *n.* 行人

7. (**G**) smoothly[3] ﹝'smuðlɪ ﹞ *adv.* 平滑地；流暢地

And as *the building's foundation is small* **and** *round,* there was plenty of space [8]**(H)** *left over to create a beautiful plaza for public use.*

而且由於建築的地基小而圓，所以<u>留下</u>很多空間，可以建造一個美麗的廣
₈
場供大眾使用。

> * foundation[4] ﹝faʊn'deʃən﹞ *n.* 基礎；地基
> ***plenty of*** 許多的　　space[1] ﹝spes﹞ *n.* 空間
> plaza[1] ﹝'plæzə﹞ *n.* 廣場
> public[1] ﹝'pʌblɪk﹞ *adj.* 大眾的

8. (**H**) 依句意，空格應填 which was left over「剩下的」，又關代
　　　　 和 be 動詞可同時省略，選 (H)。
　　　　 leave over 剩下；留下

In December 2005 this magnificent green skyscraper was voted the

most [9](E) admired new building in a survey of the world's largest

[10](B) architecture firms.

2005 年 12 月，這棟宏偉的綠能摩天大樓，在全世界最大的<u>建築事務所</u>的
₁₀
一項調查中，被評選為最<u>受矚目</u>的新大樓。
₉

> * magnificent[4] ﹝mæg'nɪfəsn̩t﹞ *adj.* 壯麗的；雄偉的
> vote[2] ﹝vot﹞ *v.* 投票；票選
> survey[3] ﹝'sɝve﹞ *n.* 調查
> firm[2] ﹝fɝm﹞ *n.* 公司；事務所

9. (**E**) admired[3] ﹝əd'maɪrd﹞ *adj.* 受人欽佩的；令人讚賞的

10. (**B**) architecture[5] ﹝'ɑrkə,tɛktʃɚ﹞ *n.* 建築
　　　　　 architecture firm 建築事務所

TEST 22

說明: 第 1 至 10 題，每題一個空格。請依文意在文章後所提供的 (A) 到 (L)
選項中分別選出最適當者。

On a cold winter day, it may be a good idea to stay
indoors to keep yourself warm. However, even when you
are within the comfort of your own home, you still need to
put up with the ___1___ cold when you sit on the cold toilet
seat to produce feces, or poo-poo and pee-pee in baby
words. Now, thanks to the invention of shower toilets, you
no longer have to ___2___ your thighs and bottom to the
coldness when emptying your bowels and bladder. With a
simple ___3___ of a button, these intelligent automatic
shower toilets will be warm to sit on. The heat ___4___ by
the seats will surely give you a sense of total relaxation and
comfort.

Another function of shower toilets is that they can
spray ___5___ water to wash your anus for 3 to 5 minutes and
then blow dry it after you are done with your "business".

This being the case, traditional toilet paper won't be needed. It is an especially helpful function for patients with hemorrhoids whose ___6___ skin can't stand the rubbing and wiping of tissue. Also, the warm water can improve their blood circulation and thus ___7___ their symptoms. If you are lucky and have no need to ___8___ hemorrhoids, you can still benefit from the spray-and-wash feature during a case of diarrhea. With the toilet washing you and itself, you can most certainly save time otherwise spent on cleaning and focus on ___9___. Are you now feeling ___10___? It's time that you headed for the nearest store to buy one!

(A) expose   (B) frozen   (C) lukewarm

(D) generated   (E) tempted   (F) freezing

(G) deal with   (H) ease   (I) exhaustive

(J) press   (K) sensitive   (L) healing

TEST 22 詳解

On a cold winter day, it may be a good idea *to stay indoors to keep yourself warm.*

在寒冷的多天，留在室內保暖會是個好主意。

* idea[1] 〔 aɪˈdiə 〕 *n.* 想法；點子　　indoors[3] 〔ˈɪnˌdorz 〕 *adj.* 在室內
  warm[1] 〔 wɔrm 〕 *adj.* 溫暖的

*However, even **when** you are within the comfort of your own home*, you *still* need to put up with the [1]**(F)** freezing cold ***when** you sit on the cold toilet seat to produce feces, **or** poo-poo **and** pee-pee in baby words.*

然而，即使是在自己舒適的家中，你仍然需要忍受冰凍的寒意，當坐在冰
冷的馬桶座上製造排泄物時，用嬰兒的語言來說，就是便便和尿尿。

* within[2] 〔 wɪˈðɪn 〕 *prep.* 在…之內
  comfort[3] 〔ˈkʌmfət 〕 *n.* 舒適　　***put up with*** 忍受
  toilet[2] 〔ˈtɔɪlɪt 〕 *n.* 馬桶　　produce[2] 〔 prəˈdjus 〕 *v.* 製造
  feces 〔ˈfisiz 〕 *n. pl.* 排泄物　　or[1] 〔 ɔr 〕 *conj.* 也就是
  poo-poo 〔ˈpuˌpu 〕 *n.* 大便　　pee-pee 〔ˈpiˌpi 〕 *n.* 小便

1. (**F**)　freezing[3] 〔ˈfrizɪŋ 〕 *adj.* 冰凍的；極冷的

Now, *thanks to the invention of shower toilets*, you *no longer* have to

[2](A) expose your thighs *and* bottom *to the coldness **when** emptying*

*your bowels **and** bladder.*

現在,由於免治馬桶的發明,當你在清空腸道和膀胱時,不再需要將大腿和臀部暴露在寒冷中。
　　　　2

* ***thanks to*** 由於;幸虧　　invention[4] 〔 ɪnˈvɛnʃən 〕 *n.* 發明
  shower toilet 免治馬桶;電腦馬桶座　　***no longer*** 不再
  thigh[5] 〔 θaɪ 〕 *n.* 大腿　　bottom[1] 〔ˈbatəm 〕 *n.* 屁股
  coldness[1] 〔ˈkoldnɪs 〕 *n.* 寒冷　　empty[3] 〔ˈɛmptɪ 〕 *v.* 使…成為空
  bowel[5] 〔ˈbauəl 〕 *n.* 腸子　　bladder 〔ˈblædɚ 〕 *n.* 膀胱

2. (**A**) expose[4] 〔 ɪkˈspoz 〕 *v.* 暴露;使接觸 < *to* >

With a simple [3](J) *press of a button*, these intelligent automatic shower

toilets will be warm *to sit on.* The heat [4](D) *generated by the seats* will

surely give you a sense *of total relaxation **and** comfort.*

只需簡單按一個按鈕,就可溫暖地坐在這智慧型全自動的免治馬桶上。座
　　　　　　3
位所產生的熱度,一定會給你一種徹底的放鬆和舒適的感覺。
　　4

* simple[1] 〔ˈsɪmpḷ 〕 *adj.* 簡單的　　button[2] 〔ˈbʌtṇ 〕 *n.* 按鈕
  intelligent[4] 〔 ɪnˈtɛlədʒənt 〕 *adj.* 聰明的
  automatic[3] 〔ˌɔtəˈmætɪk 〕 *adj.* 自動的
  heat[1] 〔 hit 〕 *n.* 熱度;溫度　 *v.* 使溫暖

surely[1] (ˈʃʊrlɪ) *adv.* 一定；必定
sense[1] (sɛns) *n.* 感覺
total[1] (ˈtotl̩) *adj.* 完全的
relaxation[4] (ˌrilæksˈeʃən) *n.* 放鬆

press *v.* 壓
oppress *v.* 壓迫
suppress *v.* 壓抑
compress *v.* 壓縮
depress *v.* 使沮喪
repress *v.* 鎮壓

3. (**J**) press[3] (prɛs) *n. v.* 壓

4. (**D**) generate[6] (ˈdʒɛnəˌret) *v.* 產生

Another function *of shower toilets* is ***that*** *they can spray*

[5](**C**) *lukewarm water to wash your anus for 3 to 5 minutes* ***and*** *then blow*

dry it ***after*** *you are done with your "business".*

免治馬桶的另一個功能是，可以噴灑溫水沖洗你的肛門 3 到 5 分鐘，
然後在你忙完你的「事情」後，幫你吹乾。

* function[2] (ˈfʌŋkʃən) *n.* 功能
  spray[3] (spre) *v.* 噴灑
  anus (ˈenəs) *n.* 肛門
  business[2] (ˈbɪznɪs) *n.* 事情

spray *v.* 噴灑
= sprinkle
= spatter

5. (**C**) lukewarm (ˈlukˈwɔrm) *adj.* 微溫的

This being the case, traditional toilet paper won't be needed. It is an

especially helpful function *for patients with hemorrhoids* ***whose***

[6](**K**) *sensitive skin can't stand the rubbing* ***and*** *wiping of tissue.*

在這種情況下，將不再需要傳統的衛生紙。對有著<u>敏感肌膚</u>，無法忍受衛
₆
生紙揉搓和擦拭的痔瘡患者來說，這是一個特別有用的功能。

    * case[1] 〔 kes 〕 *n.* 情況   traditional[2] 〔 trə'dɪʃən! 〕 *adj.* 傳統的
    toilet paper 衛生紙   especially[2] 〔 ə'spɛʃəlɪ 〕 *adv.* 特別；尤其
    helpful[2] 〔 'hɛlpfəl 〕 *adj.* 有幫助的；有用的
    patient[2] 〔 'peʃənt 〕 *n.* 病人
    hemorrhoids 〔 'hɛmə,rɔɪdz 〕 *n. pl.* 痔瘡   skin[1] 〔 skɪn 〕 *n.* 皮膚
    stand[1] 〔 stænd 〕 *v.* 忍受   rub[1] 〔 rʌb 〕 *v.* 摩擦
    wipe[3] 〔 waɪp 〕 *v.* 擦；擦淨   tissue[3] 〔 'tɪʃu 〕 *n.* 紙巾；面紙

6. (**K**) sensitive[3] 〔 'sɛnsətɪv 〕 *adj.* 敏感的

Also, the warm water can improve their blood circulation *and thus*
[7]**(H) ease** their symptoms.
而且，溫水可以改善血液循環，因而<u>緩解</u>他們的症狀。
₇

    * also[1] 〔 'ɔlso 〕 *adv.* 而且   improve[2] 〔 ɪm'pruv 〕 *v.* 增進；改善
    blood[1] 〔 blʌd 〕 *n.* 血液   circulation[4] 〔 ,sɝkjə'leʃən 〕 *n.* 循環
    symptom[6] 〔 'sɪmptəm 〕 *n.* 症狀

7. (**H**) ease[1] 〔 iz 〕 *v.* 減輕；緩和

If you are lucky *and* have no need to [8]*(G) deal with hemorrhoids*, you
can *still* benefit *from the spray-and-wash feature during a case of*
diarrhea.

如果你很幸運，不需要<u>處理</u>痔瘡問題，在腹瀉的情況下，你仍然可以從免
　　　　　　　　　8
治馬桶的噴灑洗淨功能中受益。

* benefit³ ('bɛnəfɪt) v. 獲益；受惠 < from >
  feature³ ('fitʃə) n. 特色　　*during a case of* 在…的情況期間
  diarrhea (,daɪə'riə) n. 腹瀉

8. (**G**) **deal with** 處理；對付

*With the toilet washing you **and** itself*, you can *most certainly* save time

*otherwise spent on cleaning **and** focus on* ⁹**(L)** healing.

有會沖洗自己和你的馬桶，你肯定可以節省原本要用來清理的時間，而專
注於<u>治療</u>方面。
　　9

* certainly¹ ('sɝtənlɪ) adv. 無疑地；必定　　save¹ (sev) v. 節省
  otherwise⁴ ('ʌðə,waɪz) adv. 在其他方面；除此之外
  focus² ('fokəs) v. 集中；專心 < to >

9. (**L**) heal³ (hil) v. 痊癒；治療

Are you *now* feeling ¹⁰**(E)** tempted? It's time *that you headed for the*

nearest store to buy one!

你現在感受到<u>誘惑</u>了嗎？是時候到最近的商店去買一個了！
　　　　　　　　　10

* **head for** 前往
  「*It's time that* + S + 過去式 V」表「是該的時候了」。

10. (**E**) tempt⁵ (tɛmpt) v. 引誘

TEST 23

說明： 第1至10題，每題一個空格。請依文意在文章後所提供的(A)到(L)
選項中分別選出最適當者。

Many old people are afraid of a stumble, a fall and then
a broken bone. Research shows that regular adequate
___1___ of calcium and regular exercise can strengthen the
bones. Getting older does not necessarily mean that you
will get osteoporosis. ___2___, the risk of osteoporosis does
rise as we get older. There are several ways to protect and
strengthen bones. First, to stop our bones from losing too
much strength, we need an ___3___ amount of calcium as we
get older. The World Health Organization (WHO)
recommends a ___4___ daily intake of calcium of 1,300 mg
for woman after menopause and man over the age of 65. If
you cannot get enough calcium in your diet, then calcium
supplements could help. Trials have shown that taking
daily calcium supplements can help protect people who are
___5___ high risk of bone fracture.

Some people believe that they can just protect themselves by not moving around too much and trying to avoid situations ___6___ they might have a chance of falling. But in reality being too ___7___ is one of the major risk factors for osteoporosis. If you spend a large part of the day sitting or lying down, you are ___8___ likely to have weak and fragile bones. A good way to get exercise with a low risk of injury is brisk walking. Injury is ___9___ always possible when you exercise. But people who are more active usually have stronger muscles and bones. In addition, people may gain more ___10___ in their bodies and have a lower risk of stumbling and falling.

(A) certainly   (B) confidence   (C) immobile

(D) more   (E) minimum   (F) increasing

(G) intake   (H) However   (I) where

(J) at   (K) confidential   (L) Meanwhile

TEST 23 詳解

Many old people are afraid of a stumble, a fall **and** *then* a broken
bone. Research shows **that** *regular adequate* [1]**(G)** *intake of calcium*
and *regular exercise can strengthen the bones.*

許多老人都怕跟蹌、跌倒,然後就骨折。研究顯示,定期攝取足夠的
鈣質和定期運動,能強化骨骼。

* **be afraid of** 害怕　　stumble [ˈstʌmbl̩] *n. v.* 跟蹌;絆倒
 fall [fɔl] *n.* 跌倒　　**and then** 然後;接著
 broken [ˈbrokən] *adj.* 折斷的　　bone [bon] *n.* 骨頭
 research [ˈrisɝtʃ] *n.* 研究　　show [ʃo] *v.* 顯示
 regular [ˈrɛgjələ] *adj.* 定期的
 adequate [ˈædəkwɪt] *adj.* 足夠的
 calcium [ˈkælsɪəm] *n.* 鈣
 strengthen [ˈstrɛŋθən] *v.* 強化

> Calcium
> 20
> **Ca**
> 40.078

1. (**G**) intake [ˈɪnˌtek] *n.* 攝取

Getting older does not *necessarily* mean **that** *you will get osteoporosis.*
[2]**(H)** *However*, the risk *of osteoporosis* does rise **as** *we get older.*
變老未必表示就會得骨質疏鬆症。然而,隨著我們年紀增長,骨質疏鬆症
的風險的確會增加。

* **not necessarily** 未必;不一定 (= *not always*)
 osteoporosis [ˌɑstɪopəˈrosɪs] *n.* 骨質疏鬆症
 risk [rɪsk] *n.* 風險　　rise [raɪz] *v.* 上升;增加

2. (**H**) however [haʊˈɛvɚ] *adv.* 然而

There are several ways *to protect **and** strengthen bones. First, to stop*

our bones from losing too much strength, we need an [3]**(F)** increasing

amount *of calcium as we get older.*

有好幾種保護並強化骨骼的方式。首先，當我們年紀變大時，為了要阻止
骨頭失去太多力量，我們會需要越來越多的鈣質。

   3

* protect[2] 〔 prə'tɛkt 〕 *v.* 保護　　***stop sth. from V-ing*** 防止某物…
  strength[3] 〔 strɛŋθ 〕 *n.* 力量　　amount[2] 〔 ə'maʊnt 〕 *n.* 量

3. (**F**)　increasing[2] 〔 ɪn'krisɪŋ 〕 *adj.* 逐漸增加的；越來越多的

The World Health Organization (WHO) recommends a [4]**(E)** minimum

daily intake *of calcium of 1,300 mg for woman after menopause **and***

man over the age of 65.

世界衛生組織（WHO）建議，更年期後的女性與 65 歲以上的男性，每天
最少要攝取 1,300 毫克的鈣質。

  4

* ***World Health Organization*** 世界衛生組織 (= *WHO*)
  recommend[3] 〔 ˌrɛkə'mɛnd 〕 *v.* 推薦；建議
  daily[2] 〔 'delɪ 〕 *adj.* 每天的
  mg　*n.* 毫克 (= *milligram*)
  menopause 〔 'mɛnəˌpɔz 〕 *n.* 更年期

4. (**E**)　minimum[4] 〔 'mɪnəməm 〕 *adj.* 最小的；最低限度的

If *you cannot get enough calcium in your diet,* *then* calcium

supplements could help. Trials have shown **that** *taking daily calcium*

supplements can help protect people **who** *are* [5](**J**) *at high risk of bone*

fracture.

如果你無法在飲食中攝取足夠的鈣質，那鈣補充劑就能幫上忙。試驗已經
顯示，每天服用鈣補充劑，能幫忙保護那些有很高骨折風險的人。
5

* diet³ 〔'daɪət 〕 *n.* 飲食
  supplement⁶ 〔'sʌpləmənt 〕 *n.* 補充物；營養補充品
  trial² 〔'traɪəl 〕 *n.* 試驗
  take¹ 〔 tek 〕 *v.* 攝取；服用
  fracture⁶ 〔'fræktʃə 〕 *n.* 骨折

5. (**J**) **be at high risk** 有很高的風險

Some people believe **that** *they can just protect themselves* | *by not*

moving around too much **and** *trying to avoid situations* [6](**I**) **where** *they*

might have a chance of falling.

有些人相信，不要太常到處走動，並且試圖避免可能會跌倒的情況，
就能保護自己。
6

* **move around** 到處走動   **too much** 太多；太常
  avoid² 〔 ə'vɔɪd 〕 *v.* 避免   situation³ 〔,sɪtʃu'eʃən 〕 *n.* 情況
  chance¹ 〔 tʃæns 〕 *n.* 機會；可能性

6. (**I**) 可把「情況」視爲抽象的地點，故空格應填表「地點」的關係
　　副詞，選 (I) ***where*** (= *in which*)。

But *in reality* being *too* [7](C) *immobile* is one *of the major risk factors*

for osteoporosis. ***If** you spend a large part of the day sitting **or** lying*

down, you are [8](D) *more* likely to have weak *and* fragile bones.
但事實上，一直<u>靜止不動</u>是骨質疏鬆症主要的危險因子之一。如果你一天
　　　　　　　7
當中大部分的時間，都坐著或躺著，你<u>比較</u>可能會有脆弱又易碎的骨頭。
　　　　　　　　　　　　　　　　　　8

> * ***in reality*** 事實上 (= *in fact*)　　　major[3] 〔ˈmedʒɚ〕 *adj.* 主要的
> factor[3] 〔ˈfæktɚ〕 *n.* 因素；因子　　***risk factor*** 危險因子
> ***lie down*** 躺下　　weak[1] 〔wik〕 *adj.* 虛弱的
> fragile[6] 〔ˈfrædʒəl〕 *adj.* 脆弱的；易碎的

7. (**C**) immobile[3] 〔ɪmˈmobḷ〕 *adj.* 不動的；靜止的
　　【mobile[3] *adj.* 可移動的】

8. (**D**) 依句意，選 (D) ***more***。
　　be more likely to V. 比較可能…

A good way *to get exercise with a low risk of injury* is brisk walking.

Injury is [9](A) *certainly always* possible *when you exercise.* ***But*** people

***who** are more active usually* have stronger muscles *and* bones.

要做傷害風險低的運動，快走是個好方法。當你運動時，<u>當然</u>總是有可能
受傷。但是較活躍的人，肌肉和骨骼通常都比較強壯。

> * injury[4] 〔'ɪndʒərɪ〕*n.* 傷害　brisk[6] 〔brɪsk〕*adj.* 輕快的
> ***brisk walking*** 快走　active[2] 〔'æktɪv〕*adj.* 活躍的
> muscle[6] 〔'mʌsḷ〕*n.* 肌肉

9. (**A**)　certainly[4] 〔'sɝtṇlɪ〕*adv.* 當然；一定

In addition, people may gain more [10](**B**) <u>confidence</u> *in their bodies* ***and***

have a lower risk *of stumbling **and** falling*.

此外，人們可能會對自己的身體更有<u>自信</u>，所以絆倒和跌倒的風險就比較
低。

> * ***in addition*** 此外　gain[6] 〔gen〕*v.* 獲得

10. (**B**)　confidence[4] 〔'kɑnfədəns〕*n.* 自信；信心 < *in* >

【補充資料】

　　鈣為組成身體骨骼及牙齒的主要成分，若長期鈣攝取不足，對兒童或青少年易
導致骨骼成長不良、成人或長者易發生骨質疏鬆症，因此更應該注意鈣質的攝取。
根據國人膳食營養素參考攝取量（Dietary Reference Intakes, DRIs），每日建議
鈣攝取量，7-9 歲為 800 mg、10-12 歲為 1000 mg、13-18 歲為 1200 mg、成人則為
1000 mg。

　　若長期久坐辦公室、少曬太陽、缺乏運動且平時少喝牛奶者，極可能是骨質疏
鬆的高危險群！骨質疏鬆因早期無明顯症狀，常容易被忽略，因此國民健康署提供
民眾平時補鈣方法：

1. 每日 1.5-2 杯低脂乳品　　　　　2. 攝取高鈣食物

3. 適當的日照　　　　　　　　　　4. 多運動

5. 避免過度攝取咖啡因　　　　　　6. 避免高鹽食品

TEST 24

說明：第 1 至 10 題，每題一個空格。請依文意在文章後所提供的 (A) 到 (L) 選項中分別選出最適當者。

Crepes, a traditional French dish, refer to thin pancakes made of wheat flour. To make crepes, a thin flour batter is poured onto a lightly oiled frying pan. And the batter must be quickly spread __1__ on the hot surface to make sure that the thickness of the crepe is consistent. Restaurants that serve a __2__ of crepes often employ a special kind of spatula that has been designed for this very purpose. Crepes need to be flipped at least once __3__ both sides are properly cooked. Once the crepes have been cooked, they can have a number of __4__ rolled or folded into them.

Sweet or salty, crepes can __5__ as appetizers, main courses, side dishes, and desserts. Crepes for main courses are often filled with a combination of ingredients including meat, cheese, cream, and vegetables, __6__ sweet crepes may be stuffed with fruit, chocolate, and custard. A crepe may be served with a fork and knife or may be wrapped in a paper cone, and ___7___ like a sandwich.

Crepes originated in Brittany, the west of France. They have ___8___ become quite popular throughout France and the rest of Europe. In areas where crepes are popular, they serve as street and carnival fare ___9___ portions of restaurant menus. Just as many North American cities are home to hot dog and pretzel stands, many European cities are ___10___ crepe carts where pedestrians can order their favorite crepe to eat from a paper plate as they take a stroll or, in some cases, create their own crepe recipe from the ingredients on offer.

(A) as well as   (B) serve   (C) home to

(D) consumed   (E) evenly   (F) while

(G) despite   (H) for   (I) ingredients

(J) so that   (K) since   (L) variety

TEST 24 詳解

Crepes, *a traditional French dish*, refer to thin pancakes *made of*

wheat flour.

可麗餅，是一道傳統的法國菜餚，指的就是由小麥麵粉製成的薄餅。

* crepe[4] 〔 krep 〕 *n.* 可麗餅
traditional[2] 〔 trə'dɪʃənl̩ 〕 *adj.* 傳統的
dish[1] 〔 dɪʃ 〕 *n.* 菜餚　　 *refer to* 是指
pancake[3] 〔'pæn͵kek 〕 *n.* 薄 (鬆) 餅
wheat[3] 〔 hwit 〕 *n.* 小麥　　 flour[2] 〔 flaʊr 〕 *n.* 麵粉

To make crepes, a thin flour batter is poured *onto a lightly oiled frying*

pan. And the batter must be *quickly* spread [1](**E**) *evenly* on the hot

*surface to make sure **that** the thickness of the crepe is consistent.*

製作薄餅，要倒薄薄的麵糊在塗有少許油的煎鍋上。麵糊必須迅速均勻地
散佈在熱鍋上面，以確保可麗餅的厚度一致。

1

* batter[5] 〔'bætɚ 〕 *n.* 麵糊　　 pour[3] 〔 por 〕 *v.* 傾倒
lightly[1] 〔'laɪtlɪ 〕 *adv.* 稍微　　 oiled[1] 〔 ɔɪld 〕 *adj.* 上了一層油的
fry[3] 〔 fraɪ 〕 *v.* 油炸　　 pan[2] 〔 pæn 〕 *n.* 平底鍋
frying pan 煎鍋；油炸鍋　　 spread[2] 〔 sprɛd 〕 *v.* 散佈；塗
surface[2] 〔'sɝfɪs 〕 *n.* 表面　　 ***make sure*** 確定
thickness[2] 〔'θɪknɪs 〕 *n.* 厚 (度)
consistent[4] 〔 kən'sɪstənt 〕 *adj.* 一致的

1. (**E**) evenly[1] 〔 ivənlɪ 〕 *adv.* 平坦地；均勻地

Restaurants *that serve a* [2](L) *variety of crepes often* employ a special

kind *of spatula **that** has been designed for this very purpose.*

供應多樣化可麗餅的餐廳，通常使用一種專門為可麗餅而設計的特殊抹刀。
2

> * serve[1] 〔 sɝv 〕v. 供應　　employ[3] 〔 ɪmˋplɔɪ 〕v. 使用
> spatula 〔ˋspætʃələ 〕n. (調製、塗抹用) 抹刀
> design[2] 〔 dɪˋzaɪn 〕v. n. 設計
> very[1,4] 〔ˋvɛrɪ 〕adj. 正式；就是【加強語氣】
> purpose[1] 〔ˋpɝpəs 〕n. 目的；用途

spatula

2. (L)　variety[3] 〔 vəˋraɪətɪ 〕n. 變化；多樣性
　　　a variety of 各種的；各式各樣的

Crepes need to be flipped *at least once* [3](J) *so that both sides are*

*properly cooked. **Once** the crepes have been cooked*, they can have a

number of [4](I) ingredients *rolled **or** folded into them.*

可麗餅至少需要翻面一次，為的是讓可麗餅的兩面適當受熱。一旦可麗餅
3
已經煎熟，可以捲或包一些料放在它們裡面。
4

> * flip[5] 〔 flɪp 〕v. 輕拋；翻動　　　*at least* 至少
> side[1] 〔 saɪd 〕n. 邊　　properly[3] 〔ˋprɑpəlɪ 〕adv. 適當地
> cook[1] 〔 kʊk 〕v. 烹調；煮　　*a number of* 一些
> roll[1] 〔 rol 〕v. 滾　　fold[3] 〔 fold 〕v. 摺疊

3. (J)　*so that* 以便於；為的是

4. (**I**) ingredients[4] 〔 ɪn'ɡridɪənt 〕 *n.* (烹調的) 材料

Sweet or salty, crepes can [5](**B**) serve *as appetizers*, *main courses*,
side dishes, *and desserts*. Crepes *for main courses* are *often* filled
with a combination of ingredients including meat, cheese, cream, and
vegetables, [6](**F**) *while* sweet crepes may be stuffed *with fruit*,
chocolate, and custard.

可麗餅有甜的或鹹的，可以充當開胃菜、主菜、配菜，和甜點。可麗

餅做主菜時，往往是充滿了包括肉、起司、奶油和蔬菜等成分的組合，而

甜的可麗餅可能被塞滿水果、巧克力，和卡士達醬。

* salty[2] 〔'sɔltɪ 〕 *adj.* 鹹的　　appetizer 〔'æpə,taɪzɚ 〕 *n.* 開胃菜
main course 主菜　　**side dish** (與主菜同時上的) 配菜
dessert[2] 〔 dɪ'zɝt 〕 *n.* 甜點　　**be filled with** 充滿了
combination[4] 〔,kɑmbə'neʃən 〕 *n.* 結合
ingredient[4] 〔 ɪn'ɡridɪənt 〕 *n.* 材料
including[4] 〔 ɪn'kludɪŋ 〕 *prep.* 包括　　meat[1] 〔 mit 〕 *n.* 肉
cheese[3] 〔 tʃiz 〕 *n.* 起司　　cream[2] 〔 krim 〕 *n.* 奶油
vegetable[1] 〔'vɛdʒətəbl̩ 〕 *n.* 蔬菜　　stuff[3] 〔 stʌf 〕 *v.* 填塞
be stuffed with 塞滿…　　chocolate[2] 〔'tʃɔkəlɪt 〕 *n.* 巧克力
custard 〔'kʌstɚd 〕 *n.* 卡士達

5. (**B**) *serve as* 充當；當作 (*= act as*)

6. (**F**) 依句意，「而」甜的可麗餅可能被塞滿水果，選 (F) *while*「然而」
　　　　(*= whereas*) 【 表對比 】。

A crepe may be served *with a fork **and** knife **or*** may be wrapped *in a
paper cone*, **and** [7](**D**) consumed *like a sandwich.*

可麗餅可能會附刀叉端上桌，或可能用紙錐包裝，就像是在吃三明治一樣。
　　　　　　　　　　　　　　　　　　　　　　　　　　　　　　　7

* fork[1] 〔 fɔrk 〕 *n.* 叉子　　knife[1] 〔 naɪf 〕 *n.* 刀子
　wrap[3] 〔 ræp 〕 *v.* 包；裹　　cone[3] 〔 kon 〕 *n.* 圓錐體

7. (**D**) consume[4] 〔 kən'sum 〕 *v.* 消耗；吃；喝

Crepes originated *in Brittany, the west of France.* They have
[8](**K**) *since* become *quite* popular *throughout France **and** the rest of
Europe. [In areas **where** crepes are popular,] they serve *as street **and**
carnival fare* [9](**A**) ***as well as*** portions of restaurant menus.

可麗餅起源於法國西部的布列塔尼。此後，它們在全法國和歐洲其他
　　　　　　　　　　　　　　　　　　8
地區都相當受歡迎。在可麗餅盛行的地區，它們是街頭和嘉年華會的小吃，
也是餐廳菜色的一部分。
9

* originate[6] 〔 ə'rɪdʒə,net 〕 *v.* 起源
　Brittany 〔'brɪtənɪ 〕 *n.* 布列塔尼【法國西北部的一個半島】
　west[1] 〔 wɛst 〕 *n.* 西部
　popular[2,3] 〔'pɑpjələ 〕 *adj.* 流行的；受歡迎的
　throughout[2] 〔 θru'aut 〕 *prep.* 遍及　　rest[1] 〔 rɛst 〕 *n.* 其餘部份
　area[1] 〔'ɛrɪə, 'erɪə 〕 *n.* 地區　　carnival[5] 〔'kɑrnəvḷ 〕 *n.* 嘉年華會
　fare[3] 〔 fɛr 〕 *n.* 食物　　portion[3] 〔'porʃən 〕 *n.* 部分
　menu[2] 〔'mɛnju 〕 *n.* 菜單；菜餚

8. (**K**) 依句意，「此後」，它們在全法國和歐洲其他地區相當受歡迎，
故選 (K) *since*。

9. (**A**) *as well as* 以及

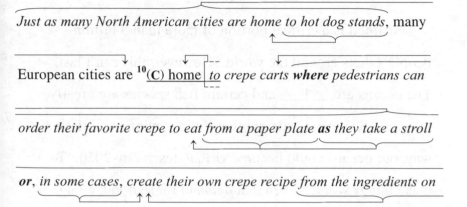

Just as many North American cities are home to hot dog stands, many

European cities are [10](C) home to *crepe carts* **where** *pedestrians can*

order their favorite crepe to eat from a paper plate **as** *they take a stroll*

or, *in some cases, create their own crepe recipe from the ingredients on*

offer.

就像許多北美城市有熱狗攤一樣，許多歐洲城市都是可麗餅車的所在地，
　　　　　　　　　　　　　　　　　　　　　　　　　　　　　　　10
行人在散步時，可以點他們最喜愛的可麗餅，從紙盤上吃，或者在某些情
況下，從提供的原料中，製作他們自己的可麗餅。

　　* *hot dog* 熱狗　　stand[1] 〔 stænd 〕 *n.* 攤子
　　cart[2] 〔 kɑrt 〕 *n.* 手推車　　pedestrian[6] 〔 pəˈdɛstrɪən 〕 *n.* 行人
　　order[1] 〔ˈɔrdɚ 〕 *v.* 訂購；點 (餐)
　　favorite[2] 〔ˈfevərɪt 〕 *adj.* 最喜愛的　　plate[2] 〔 plet 〕 *n.* 盤子
　　stroll[5] 〔 strol 〕 *n. v.* 散步　　***take a stroll*** 散步 (= *take a walk*)
　　case[1] 〔 kes 〕 *n.* 情況；例子　　create[2] 〔 krɪˈet 〕 *v.* 創造
　　recipe[4] 〔ˈrɛsəpɪ 〕 *n.* 食譜；烹調法
　　offer[2] 〔ˈɔfɚ 〕 *v. n.* 提供　　***on offer*** 供出售的

10. (**C**) *be home to* 是…的所在地

TEST 25

說明： 第 1 至 10 題，每題一個空格。請依文意在文章後所提供的 (A) 到 (L) 選項中分別選出最適當者。

Seafood is a critical portion of more than 3 billion people's diets around the world. However, this can't last. The oceans are ___1___, and certain fish species are greatly reduced. Scientists estimate that if we continue to fish this way, our oceans could become virtual deserts by 2050. To make things worse, given that demand for seafood, along with the world's population, is rising, the catastrophe will approach even faster. In fact, 90 percent of the large fish are gone, ___2___ because of overfishing. This includes many of the fish we love to eat, like salmon, tuna, and cod. If we don't allow for proper recovery, these fish will be ___3___.

Thankfully, there is a ___4___ solution: aquaculture, or fish farming. Through fish farming, we not only take pressure off the oceans, but also provide food security for the more than 1 billion people on earth who depend on seafood as their primary protein. Since oceans can no longer meet the rising demand for fish, the output of fish from aquaculture must be 35 percent higher than current levels by 2022. Luckily, the __5__ toward fish farming has already started: The number of fish now __6__ from farms has doubled, or even tripled, in recent years, and aquaculture is __7__ nearly half the world's demand for fish. However, there are still __8__ about the overuse of antibiotics and environmental harm. The reality is that technologies do exist to achieve this without abusing, or even using, antibiotics or __9__ the planet. Ultimately, if we want to continue enjoying seafood, we must allow the ocean to regenerate, and supplement __10__ farmed fish.

(A) trend   (B) fulfilling   (C) extinct

(D) harvested   (E) sustainably   (F) primarily

(G) concerns   (H) possible   (I) degrading

(J) strained   (K) associated   (L) inspire

TEST 25 詳解

Seafood is a critical portion *of more than 3 billion people's diets*

around the world. *However*, this can't last. The oceans are

[1](J) strained, ***and*** certain fish species are *greatly* reduced. Scientists

estimate ***that if*** *we continue to fish this way*, our oceans could become

virtual deserts *by 2050.*

　　海鮮是全球超過 30 億人的飲食中，必不可少的一部分。然而，這種情況可能無法持續。海洋<u>被捕撈過度</u>，某些魚類大大地減少。科學家估計，
　　　　　　　　　　　　　　　　　1
如果我們繼續以這種方式捕魚，到了 2050 年，我們的海洋可能會變成實質上的沙漠。

　　* seafood〔ˈsiˌfud〕*n.* 海鮮
　　critical[4]〔ˈkrɪtɪkl̩〕*adj.* 關鍵性的；必不可少的
　　portion[3]〔ˈporʃən〕*n.* (一)部分　　billion[3]〔ˈbɪljən〕*n.* 十億
　　diet[3]〔ˈdaɪət〕*n.* 飲食　　certain[1]〔ˈsɝtn̩〕*adj.* 某些
　　species[4]〔ˈspiʃɪz〕*n.* 物種【單複數同形】
　　reduce[3]〔rɪˈdjus〕*v.* 減少 (= *decrease*[4])
　　estimate[4]〔ˈɛstəˌmet〕*v.* 估計　　fish[1]〔fɪʃ〕*v.* 捕魚
　　virtual[6]〔ˈvɝtʃʊəl〕*adj.* 事實上的；實質上的
　　desert[2]〔ˈdɛzɚt〕*n.* 沙漠

1. (**J**)　strained[5]〔strend〕*adj.* 緊張的；感到有壓力的 (= *stressed*)
　　　The oceasn are strained 字面的意思是「海洋很有壓力」，也就是「海洋被捕撈過度」，魚類的供應很吃緊。

To make things worse, given that demand for seafood, along with the

world's population, is rising, the catastrophe will approach *even faster.*

更糟的是，如果考慮到對海鮮的需求連同世界的人口總數都在上升中，這場大災難會來得更快。

> * *to make things worse* 更糟的是（= *what's worse* ）
> *given that + N.* 考慮到；有鑑於　　demand[4]〔dɪ'mænd〕*n.* 需求
> *along with* 連同　　population[2]〔ˌpɑpjə'leʃən〕*n.* 人口
> rise[1]〔raɪz〕*v.* 上升；增加　　catastrophe[6]〔kə'tæstrəfɪ〕*n.* 大災難
> approach[3]〔ə'protʃ〕*v.* 接近
> *even faster* 更快；快很多（= *much faster* ）

2. (**F**) primarily[3]〔praɪ'mɛrəlɪ〕*adv.* 主要地（= *mainly*[2] ）

In fact, 90 percent *of the large fish* are gone, [2](**F**) *primarily because of*

overfishing. This includes many *of the fish we love to eat, like salmon,*

tuna, and cod. *If we don't allow for proper recovery*, these fish will be

[3](**C**) extinct.

事實上，百分之九十的大型魚類都消失了，主要是因為過度捕撈。這包括
　　　　　　　　　　　　　　　　　　　2
我們喜歡吃的許多魚，如鮭魚、鮪魚和鱈魚。如果我們不考慮適當復育，
這些魚會絕種。
　　3

> * *in fact* 事實上　　percent[4]〔pə'sɛnt〕*n.* 百分之…
> gone[1]〔gɔn〕*adj.* 喪失了的；無可挽回的
> overfishing〔ˌovə'fɪʃɪŋ〕*n.* 過度捕撈　　include[2]〔ɪn'klud〕*v.* 包括
> salmon[5]〔'sæmən〕*n.* 鮭魚　　tuna[5]〔'tunə〕*n.* 鮪魚
> cod〔kɑd〕*n.* 鱈魚　　*allow for* 考慮到
> proper[3]〔'prɑpə〕*adj.* 適當的　　recovery[4]〔rɪ'kʌvərɪ〕*n.* 恢復

3. (**C**) extinct[5]〔ɪk'stɪŋkt〕*adj.* 絕種的

Thankfully, there is a [4](H) possible solution: *aquaculture, **or** fish farming. Through fish farming*, we **not only** take pressure *off the oceans*, **but also** provide food security *for the more than 1 billion people on earth **who** depend on seafood as their primary protein.*

幸虧有個可能的解決方案：水產養殖，也就是養殖漁業。藉由養殖漁業，我們不僅能消除海洋的壓力，還能爲全球超過 10 億依賴海鮮作爲主要蛋白質的人口提供糧食保證。

* thankfully³ ﹝ˊθæŋkfəlɪ﹞ *adv.* 幸虧
  solution² ﹝səˊluʃən﹞ *n.* 解決之道
  aquaculture ﹝ˊækwəkʌltʃɚ﹞ *n.* 水產養殖
  farming¹ ﹝ˊfɑrmɪŋ﹞ *n.* 養殖　　***fish farming*** 養殖漁業
  not only⋯but also 不僅⋯而且　　***take off*** 拿掉；減去
  pressure³ ﹝ˊprɛʃɚ﹞ *n.* 壓力　　security³ ﹝sɪˊkjʊrətɪ﹞ *n.* 保障
  depend on 依靠　　primary³ ﹝ˊpraɪˌmɛrɪ﹞ *adj.* 主要的（ = main² ）
  protein⁴ ﹝ˊprotiɪn﹞ *n.* 蛋白質

4. (**H**) possible¹ ﹝ˊpɑsəbḷ﹞ *adj.* 可能的

***Since** oceans can no longer meet the rising demand for fish,* the output *of fish from aquaculture* must be 35 percent higher ***than** current levels by 2022.*

由於海洋再也不能滿足對魚類日益增長的需求，到 2022 年，水產養殖魚類產量必須比目前高出 35％。

* ***no longer*** 不再　　meet[1] 〔 mɪt 〕 *v.* 滿足（需求）
rising[1] 〔'raɪzɪŋ 〕 *adj.* 增加的　　output[5] 〔'aʊt͵pʊt 〕 *n.* 產量
current[3] 〔'kɝənt 〕 *adj.* 現在的　　levels[1] 〔'lɛvl̩z 〕 *n. pl.* 數量

Luckily, the [5](**A**) trend *toward fish farming* has *already* started: The
number *of fish now* [6](**D**) *harvested from farms* has doubled, *or even*
tripled, *in recent years*, ***and*** aquaculture is [7](**B**) fulfilling *nearly* half
the world's demand *for fish*.

幸運的是，養殖漁業的趨勢已經開始：在最近幾年，從漁場收成的魚類數
量已經增至兩倍，甚至增三倍，水產養殖業能滿足全世界將近一半的魚類
需求。

* luckily[1] 〔'lʌkɪlɪ 〕 *adv.* 幸運地　　toward[1] 〔 tə'wɔrd 〕 *prep.* 朝向
farm[1] 〔 fɑrm 〕 *n.* 養殖場　　double[2] 〔'dʌbl̩ 〕 *v.* 增至兩倍
triple[5] 〔'trɪpl̩ 〕 *v.* 增至三倍　　recent[5] 〔'risn̩t 〕 *adj.* 最近的

5. (**A**) trend[3] 〔 trɛnd 〕 *n.* 趨勢；傾向

6. (**D**) harvest[3] 〔'hɑrvɪst 〕 *v.* 收割；收穫

7. (**B**) fulfill[4] 〔 fʊl'fɪl 〕 *v.* 達成（願望）；滿足（需求）

However, there are *still* [8](**G**) *concerns about the overuse of antibiotics*
and *environmental harm*. The reality is ***that*** *technologies do exist to*
achieve this without abusing, or even using, antibiotics or [9](**I**) *degrading*
the planet.

然而，大家仍然會<u>擔心</u>過度使用抗生素，和對環境造成的傷害。事實上，
8

科技的存在，就是爲了達到這個目的，而不會濫用或甚至使用抗生素，或

使地球<u>變糟</u>。
9

　　* overuse〔͵ovɚˋjus〕*n.* 過度使用；濫用
　　　antibiotic[6]〔͵æntɪbaɪˋɑtɪks〕*n.* 抗生素
　　　harm[3]〔hɑrm〕*v.* 傷害　　reality[2]〔rɪˋælətɪ〕*n.* 事實
　　　technology[3]〔tɛkˋnɑlɛdʒɪ〕*n.* 科技
　　　exist[2]〔ɪgˋzɪst〕*v.* 存在　　achieve[3]〔əˋtʃiv〕*v.* 達成
　　　abuse[6]〔əˋbjus〕*v.* 濫用
　　　planet[2]〔ˋplænɪt〕*n.* 行星【在此指「地球」】

8.（**G**）concern[3]〔kənˋsɝn〕*n.* 擔心＜*about*＞

9.（**I**）degrade[6]〔dɪˋgred〕*v.* 使降級；使惡化；使退化

Ultimately, **if** *we want to continue enjoying seafood*, we must allow the

ocean *to regenerate*, **and** *supplement* [10](E) *sustainably farmed fish.*

最後，如果我們想繼續享用海鮮，我們必須讓海洋能再生，並補充<u>可持續</u>
10

養殖的魚。

　　* ultimately[6]〔ˋʌltəmɪtlɪ〕*adv.* 最後（＝*finally*[1]）
　　　allow[1]〔əˋlaʊ〕*v.* 讓
　　　regenerate[6]〔rɪˋdʒɛnərɪt〕*v.* 再生
　　　supplement[6]〔ˋsʌpləͺmɛnt〕*v.* 補充；補足

10.（**E**）sustainably〔səˋstenəblɪ〕*adv.* 能持續地；能維持地
　　　　【sustain[5] *v.* 維持】

TEST 26

說明： 第 1 至 10 題，每題一個空格。請依文意在文章後所提供的 (A) 到 (L)
選項中分別選出最適當者。

Café Terrace at Night is an oil painting ___1___ by the
Dutch artist Vincent van Gogh in 1888. After finishing it,
Van Gogh wrote a letter to his sister expressing his
enthusiasm:

"I was only interrupted by my work on a new painting
representing the exterior of a night café. On the terrace
there are small figures of people ___2___. An immense
yellow lantern ___3___ the terrace, the facade, the sidewalk
and even casts light on the paving stones of the road. The
gables of the houses, like a fading road below a blue sky
___4___ with stars, are dark blue or violet with a green tree.
Here you have a night painting without black, with nothing
but beautiful blue and violet and green and in this
surrounding the illuminated area colors itself sulfur pale
yellow and citron green. It amuses me enormously to paint

the night right ___5___. Normally, one draws and paints the painting during the daytime after the ___6___. But I like to paint the thing immediately. It is true that in the darkness I can take a blue for a green, a blue lilac for a pink lilac, since it is hard to ___7___ the quality of the tone. But it is the only way to get away from our ___8___ night with poor pale whitish light, while even a simple candle already provides us with the richest of yellows and oranges."

This is the first painting in which he used starry backgrounds. He ___9___ to paint star-filled skies in *Starry Night Over the Rhone*, painted the same month, and the ___10___ known *Starry Night* a year later.

(A) studded   (B) executed   (C) on the spot

(D) went on   (E) drinking   (F) better

(G) illuminates   (H) distinguish   (I) insane

(J) conventional   (K) occupied   (L) sketch

TEST 26 詳解

Café Terrace at Night is an oil painting ¹(**B**) *executed by the Dutch artist Vincent van Gogh in 1888.* *After finishing it*, Van Gogh wrote a letter *to his sister expressing his enthusiasm*:

《夜晚露天咖啡座》是荷蘭畫家文森‧梵谷於 1888 年所製作的油畫。完成後,梵谷寫信給妹妹表達自己的熱忱:

* café〔kə'fe〕*n.* 咖啡廳　terrace⁵〔'tɛrəs〕*n.* 露台
  oil painting 油畫
  Dutch〔dʌtʃ〕*adj.* 荷蘭的　*n.* 荷蘭人
  artist²〔'ɑrtɪst〕*n.* 藝術家;畫家
  express²〔ɪk'sprɛs〕*v.* 表達
  enthusiasm⁴〔ɪn'θjuzɪˌæzm〕*n.* 熱忱

Vincent van Gogh

1. (**B**) execute⁵〔'ɛksɪˌkjut〕*v.* 執行;製作(藝術品等)

"I was *only* interrupted *by my work on a new painting representing the exterior of a night café.* *On the terrace* there are small figures *of people* ²(**E**) *drinking*.

「我只是被我的新畫作打斷,畫是在描繪一家夜間咖啡廳的戶外風景。在露台上,有一小群人正在喝酒。

* interrupt³〔ˌɪntə'rʌpt〕*v.* 打斷

represent[3] 〔‚rɛprɪ'zɛnt〕 v. 描繪;(抽象地)表現
exterior[5] 〔ɪks'tɪrɪɚ〕 n. 外部;外觀;戶外風景
figure[2] 〔'fɪgjɚ〕 n. 人物;人影

exterior	n.	外部
interior	n.	內部

2. (**E**) drink[1] 〔drɪŋk〕 v. 喝酒

An immense yellow lantern [3](G) illuminates the terrace, the facade,

the sidewalk ***and*** *even* casts light *on the paving stones of the road.* The

gables *of the houses,* │*like a fading road* ***below*** *a blue sky* [4](A) studded

with stars, are dark blue ***or*** violet *with a green tree.*

一盞大黃燈<u>照亮</u>了咖啡廳的露台、正面、人行道,甚至照亮了路上鋪著的
石磚。有著綠樹房子的三角牆是深藍或藍紫色的,就像是<u>點綴</u>著星星的藍
色天空下,一條逐漸消失的路。

* immense[5] 〔ɪ'mɛns〕 *adj.* 巨大的   lantern[2] 〔'læntɚn〕 *n.* 燈籠
facade 〔fə'sɑd〕 *n.* (建築物的)正面
sidewalk[2] 〔'saɪd‚wɔk〕 *n.* 人行道
cast[3] 〔kæst〕 *v.* 投射;抛;灑   pave[3] 〔pev〕 *v.* 鋪設
gable 〔'gebḷ〕 *n.* (尖頂屋兩端之)山形牆;三角牆【兩邊被斜面屋頂
    圍成三角形之牆】
fading[5] 〔'fedɪŋ〕 *adj.* 逐漸消失的;變暗淡的
below[1] 〔bə'lo〕 *prep.* 在…之下
violet[3] 〔'vaɪəlɪt〕 *adj.* 藍紫色的

Café Terrace at Night

3. (**G**) illuminate[6] 〔ɪ'lumə‚net〕 v. 照亮

4. (**A**) stud 〔stʌd〕 v. 散布於;點綴 < *with* >

Here you have a night painting *without black, with nothing **but***

*beautiful blue **and** violet **and** green **and** in this surrounding* the

illuminated area colors itself sulfur pale yellow **and** citron green. It

amuses me *enormously to paint the night right* [5](**C**) *on the spot*.

這裡的夜景畫沒有黑色，只有美麗的藍色、藍紫色、綠色，以及在這環境
中，照明區域替自己上了色，呈現淡硫黃色和黃綠色。它使我非常高興的
當場直接畫了那夜晚。
5

> * ***nothing but*** 只有　　surrounding[4] 〔 səˈraʊndɪŋ 〕 *n.* 環境
> color[1] 〔ˈkʌlə 〕 *v.* 將～塗成 (…色)　　sulfur[5] 〔ˈsʌlfə 〕 *n.* 硫磺
> pale[3] 〔 pel 〕 *adj.* 蒼白的　　citron 〔ˈsɪtrən 〕 *n.* 香櫞樹；淡黃色
> amuse[4] 〔 əˈmjuz 〕 *v.* 使開心
> enormously[4] 〔 ɪˈnɔrməslɪ 〕 *adv.* 大大地；非常

5. (**C**) ***on the spot*** 當場；立即

Normally, one draws **and** paints the painting *during the daytime after*

the [6](**L**) *sketch*. **But** I like to paint the thing *immediately*. It is true ***that***

in the darkness I can take a blue for a green, a blue lilac for a pink lilac,

***since** it is hard to* [7](**H**) *distinguish the quality of the tone*.

通常畫油畫都會在白天時，在素描後，才會繪圖和上色。但我想要立刻畫
6
它。的確，因為在黑暗中很難區分色調的特質，所以我可能會以為藍色是
7
綠色，把藍色的丁香花看作是粉紅色的丁香花。

* normally[3] (ˈnɔrmḷɪ) *adv.* 通常　　draw[1] (drɔ) *v.* 畫
during[1] (ˈdjʊrɪŋ) *prep.* 在…期間
daytime (ˈdeˌtaɪm) *n.* 白天
immediately[3] (ɪˈmidɪɪtlɪ) *adv.* 立刻
darkness (ˈdɑrknɪs) *n.* 黑暗
take A for B 誤認為 A 是 B　　lilac[4] (ˈlaɪlək) *n.* 丁香花
quality[2] (ˈkwɑlətɪ) *n.* 特質　　tone[1] (ton) *n.* 色調

6. (**L**)　sketch[4] (skɛtʃ) *n.* 素描

7. (**H**)　distinguish[4] (dɪˈstɪŋgwɪʃ) *v.* 分辨；區分

But it is the *only* way *to get away from our* [8](**J**) *conventional* night with
poor pale whitish light, ***while*** even a simple candle *already* provides us
with the richest of yellows ***and*** oranges."

但是，這是唯一能擺脫只有貧乏淡白色光傳統夜晚的唯一辦法，而即使是
一根簡單的蠟燭，也能為我們提供最豐富的黃色和橙色。」

　* ***get away from*** 遠離；擺脫
whitish (ˈhwaɪtɪʃ) *adj.* 帶白色的
simple[1] (ˈsɪmpḷ) *adj.* 簡單的　　candle[2] (ˈkændḷ) *n.* 蠟燭
provide[2] (prəˈvaɪd) *v.* 提供
rich[1] (rɪtʃ) *adj.* 豐富的
orange[1] (ˈɔrɪndʒ) *n.* 橘色；橙色

8. (**J**)　conventional[4] (kənˈvɛnʃənḷ) *adj.* 傳統的

This is the first painting *in **which** he used starry backgrounds.* He

[9](D) went on to paint star-filled skies *in Starry Night Over the Rhone,*

painted the same month, **and** the [10](F) *better* known *Starry Night a year*

later.

這是他使用星光背景的第一幅油畫。他同一個月繼續畫《隆河上的星夜》，
　　　　　　　　　　　　　　　　　　　9
描繪佈滿星星的的天空，並在一年後，畫了更有名的《星夜》。
　　　　　　　　　　　　　　　　10

* starry[1]〔ˋstɑrɪ〕*adj.* 佈滿星星的；星光照耀的
  background[3]〔ˋbæk͵graʊnd〕*n.* 背景
  star-filled〔ˋstɑr͵fɪld〕*adj.* 佈滿星星的
  later[1]〔ˋletɚ〕*adv.* …之後

Starry Night Over the Rhone

9. (**D**)　***go on*** 繼續　　***go on to V.*** 接著去…

10. (**F**)　依句意，在一年後畫了「更」有名的《星夜》，故選 (F) ***better***。
　　　　　　well-known〔ˋwɛlˋnon〕*adj.* 有名的　　***better known*** 更有名的

【補充資料】

　　梵谷的線條充滿強烈的力量，一筆線條緊接著一筆線條，猶
如雕刻家的作品一樣強烈及清晰。在這幅名為《星夜》的畫中，
畫面上的線條差不多一樣的粗細，一排排地列在山上，像從左邊
向右邊進行，帶來動感。這些線條，除了房屋及高聳入雲的教堂
外，都是這樣的，並且向後曲捲著，越捲越高。畫面左邊的是插入天空的絲柏，伸
向天際，象徵著梵谷患了精神病的孤寂靈魂。

　　畫面下方是聖雷米的街景，畫面上方則是藍色的寧靜星空，佔了畫面三分之二
的位置。看來有如太陽一般發出強烈光線的月亮，與閃爍的十一顆星星，浮現在夜
空中，雲彩像漩渦。梵谷的星空，不只是自然現象的形象化，而是他的幻想與意志
的顯現。梵谷所畫的月亮及星群都具有眩人的光彩，閃耀在天空，他用極鮮艷的線
條，使月亮及每顆星星旋轉著、連接著，表示它們正橫越著銀河。

TEST 27

說明： 第 1 至 10 題，每題一個空格。請依文意在文章後所提供的(A)到(J)
選項中分別選出最適當者。

　　Italian researchers believe they have found the remains
of a female "vampire" in Venice, buried with a brick ___1___
between her jaws to prevent her from feeding on victims of
a plague which swept the city in the 16th century. Matteo
Borrini, an anthropologist from the University of Florence,
said the discovery on the small island in the Venice lagoon
supported the ___2___ belief that vampires were behind the
spread of plagues like the Black Death.

　　"This is the first time that archaeology has ___3___
reconstructing the ritual of exorcism of a vampire," Borrini
said. "This helps authenticate how the ___4___ of vampires
was born." The succession of plagues which ravaged
Europe between 1300 and 1700 fostered the belief in
vampires, mainly because the ___5___ of corpses was not
well understood, Borrini said.

Gravediggers reopening certain graves would sometimes __6__ bodies swollen with gas, with hair still growing, and blood dripping from their mouths and believe them to be still __7__. The shrouds used to cover the faces of the dead were often decayed by bacteria in the mouth, __8__ the corpse's teeth, and vampires became known as "shroud-eaters." "To kill the vampire you had to remove the shroud from its mouth, which was its food, like the milk of a child, and put something __9__ in there," said Borrini. "It's possible that other corpses have been found with bricks in their mouths, but this is the first time the ritual has been recognized."

While legends about vampires __10__ thousands of years, the modern figure of the vampire was created by the Irish author Bram Stoker in his 1897 novel "Dracula," based on 18th century eastern European folk tales.

(A) come across   (B) medieval   (C) myth

(D) date back   (E) revealing   (F) succeeded in

(G) uneatable   (H) alive   (I) decomposition

(J) jammed   (K) recycling   (L) muse

TEST 27 詳解

Italian researchers believe *they have found the remains of a female*

"vampire" in Venice, buried with a brick [1](**J**) *jammed between her jaws*

to prevent her from feeding on victims of a plague **which** *swept the city*

in the 16th century.

　　義大利的研究人員相信，他們已經在威尼斯，發現一個女「吸血鬼」
的遺骸，被埋葬時有塊磚頭塞在她的口中，使她無法吸十六世紀橫掃威尼
斯那場瘟疫的受害者之血。

* Italian〔ɪˋtæljən〕*adj.* 義大利的【Italy〔ˋɪtḷɪ〕*n.* 義大利】
 researcher[4]〔rɪˋsɝtʃɚ〕*n.* 研究人員
 remains[3]〔rɪˋmenz〕*n. pl.* 遺骸　　female[2]〔ˋfimel〕*adj.* 女性的
 vampire〔ˋvæmpaɪr〕*n.* 吸血鬼　　Venice〔ˋvɛnɪs〕*n.* 威尼斯
 bury[3]〔ˋbɛrɪ〕*v.* 埋葬　　brick[2]〔brɪk〕*n.* 磚頭
 jaw[3]〔dʒɔ〕*n.* 顎【包括牙齒的上顎或下顎】
 jaws[3]〔*n.*〕(動物的) 嘴
 prevent[3]〔prɪˋvɛnt〕*v.* 預防；防止
 prevent sb. from V-ing 使某人無法…
 　(= *stop sb. from V-ing* = *keep sb. from V-ing*)
 feed on 以…為食　　victim[3]〔ˋvɪktɪm〕*n.* 受害者
 plague[5]〔pleg〕*n.* 瘟疫　　sweep[2]〔swip〕*v.* 橫掃
 century[2]〔ˋsɛntʃərɪ〕*n.* 世紀

1. (**J**) jam[1,2]〔dʒæm〕*v.* 把塞入　*n.* 堵塞
 jammed between her jaws 是由形容詞子句 which was jammed
 between her jaws 簡化而來。

Matteo Borrini, *an anthropologist from the University of Florence*, said

the discovery on the small island in the Venice lagoon supported the

[2](B) *medieval belief **that** vampires were behind the spread of plagues*

like the Black Death.

佛羅倫斯大學的人類學家馬特奧・博瑞尼說，在威尼斯潟湖小島上的發現，
證實了中世紀的看法，是吸血鬼在背後散播如黑死病之類的瘟疫。
      2

  * Matteo Borrini〔mɑt'teo bɑ'rɪnɪ〕*n.* 馬特奧・博瑞尼
    anthropologist[4]〔͵ænθro'pɑlədʒɪst〕*n.* 人類學家
    Florence〔'flɔrəns〕*n.* 佛羅倫斯
    discovery[3]〔dɪ'skʌvərɪ〕*n.* 發現
    lagoon〔lə'gun〕*n.* 潟湖   support[2]〔'sə'port〕*v.* 證實；支持
    belief[2]〔bɪ'lif〕*n.* 看法；信念
    behind[1]〔bɪ'haɪnd〕*adv.* 在背後
    spread[2]〔sprɛd〕*n.* 散播；蔓延
    the Black Death 黑死病；鼠疫【十四世紀流行於歐洲、亞洲的傳染病，
      據估計全世界有四分之一的人口死於此病】

2. (**B**) medieval[6]〔͵midɪ'ivḷ〕*adj.* 中世紀的

  "This is the first time ***that*** archaeology has [3](F) *succeeded in*

reconstructing the ritual of exorcism of a vampire," Borrini said. "This

helps authenticate ***how*** the [4](C) *myth* of vampires was born."

「這是考古學第一次<u>成功</u>重建吸血鬼的驅魔儀式，」博瑞尼說。「這
　　　　　　　3
有助於證實，吸血鬼的<u>迷思</u>是如何產生的。」
　　　　　　　4

* archaeology〔͵ɑrkɪˊɑlədʒɪ〕*n.* 考古學
  reconstruct〔͵rikənˊstrʌkt〕*v.* 重建【construct[4] *v.* 建造】
  ritual[6]〔ˊrɪtʃʊəl〕*n.* 儀式
  exorcism〔ˊɛksɔr͵sɪzəm〕*n.* 驅魔【exorcise[5]〔ˊɛksɔr͵saɪz〕*v.* 驅魔】
  authenticate〔ɔˊθɛntə͵ket〕*v.* 證實【authentic[6] *adj.* 真的】
  be born 出生；產生

3.(**F**) ***succeed in*** 成功…　　　 succeed[2]〔səkˊsid〕*v.* 成功

4.(**C**) myth[5]〔mɪθ〕*n.* 神話；迷思；不實的想法

The succession *of plagues* ***which*** *ravaged Europe between 1300*

and *1700* fostered the belief *in vampires,* │*mainly **because** the*

[5]**(I)** *decomposition of corpses was not well understood*, Borrini said. │

西元 1300 至 1700 年之間，連續肆虐歐洲的瘟疫，助長人們相信吸血鬼的
存在，博瑞尼說主要是因為當時大家對於屍體的<u>分解</u>，並未充分地了解。
　　　　　　　　　　　　　　　　　　　　　　　　　5

* succession[6]〔səkˊsɛʃən〕*n.* 連續；連續的事物
  ravage[6]〔ˊrævɪdʒ〕*v.* 蹂躪；毀壞；破壞
  Europe〔ˊjʊrəp〕*n.* 歐洲
  foster[6]〔ˊfɔstɚ〕*v.* 培養；促進；助長
  mainly[2]〔ˊmenlɪ〕*adv.* 主要地
  corpse[6]〔kɔrps〕*n.* 屍體　　 well[1]〔wɛl〕*adv.* 充分地

5. (**I**) decomposition〔ˌdikəmpəˈzɪʃən〕*n.* 分解
【decompose *v.* 分解（↔ compose⁴ *v.* 組成）】

Gravediggers reopening certain graves would *sometimes* ⁶**(A) come**
across bodies *swollen with gas, with hair still growing,* **and** *blood*
dripping from their mouths **and** believe them to be *still* ⁷**(H) alive**.

　　掘墓者重開某些墳墓，有時會<u>發現</u>因爲氣體而腫脹的屍體，頭髮仍然
　　　　　　　　　　　　　　　6
在長，而且有血從嘴裡滴下來，所以就認爲他們仍然還活著。
　　　　　　　　　　　　　　　　　7

* gravedigger〔ˈgrevˌdɪgɚ〕*n.* 掘墓者；挖墓的工人【dig¹ *v.* 挖】
reopen〔riˈopən〕*v.* 重開
certain¹〔ˈsɝtn̩〕*adj.* 某些　　grave⁴〔grev〕*n.* 墳墓
body¹〔ˈbɑdɪ〕*n.* 屍體
swell³〔swɛl〕*v.* 使膨脹；使腫脹【三態變化：swell-swelled-swollen】
gas¹〔gæs〕*n.* 氣體　　drip³〔drɪp〕*v.* 滴下

6.（**A**）*come across* 偶然遇到；偶然發現

7.（**H**）alive²〔əˈlaɪv〕*adj.* 活的

The shrouds *used to cover the faces of the dead* were *often* decayed *by*
bacteria in the mouth, ⁸**(E) *revealing*** *the corpse's teeth,* **and** vampires
became known as "shroud-eaters."

用來覆蓋死者的臉部的裹屍布，常會因爲死者口中的細菌而腐爛，<u>使牙齒</u>
<u>露出來</u>，所以吸血鬼就被稱爲「吃裹屍布的人」。
₈

* shroud〔ʃraʊd〕*n.* 裹屍布；壽衣
  the dead 死者（= *dead people*）
  decay⁵〔dɪ'ke〕*v.* 腐爛；使腐爛
  bacteria³〔bæk'tɪrɪə〕*n. pl.* 細菌【單數是 bacterium】
  be known as 被稱爲；以（…身分、名稱）爲人所知

8. (**E**) reveal³〔rɪ'vil〕*v.* 使顯露；露出

"*To kill the vampire* you had to remove the shroud *from its mouth,*

which was its food, *like the milk of a child*, *and* put something

⁹**(G)** <u>uneatable</u> *in there*," said Borrini.

「要殺死吸血鬼，必須除去它口中的裹屍布，因爲那就像嬰兒的牛奶一
樣，是它的食物，然後再將某樣<u>不能吃的</u>東西放進去，」博瑞尼說。
₉

* remove³〔rɪ'muv〕*v.* 除去

9. (**G**) uneatable〔ʌn'itəb!〕*adj.* 不能吃的

"It's possible *that* other corpses have been found *with bricks in their*

mouths, *but* this is the first time *the ritual has been recognized.*"

「可能是在其他屍體的口中有發現過磚頭，但這是首次承認有這樣的儀
式。」

* recognize²〔'rɛkəg,naɪz〕*v.* 承認；認出

While legends about vampires [10](D) *date back thousands of years,*

the modern figure *of the vampire* was created *by the Irish author Bram*

Stoker in his 1897 novel "Dracula," based on 18th century eastern

European folk tales.

　　雖然關於吸血鬼的傳說可追溯到好幾千年前，但現代吸血鬼的形象是
　　　　　　　　　　　10
以十八世紀的東歐民間故事為基礎，由愛爾蘭作家布蘭‧史塔克他 1897 年
的小說《德古拉》中所創造出來的。

* while[1] (hwaɪl) *conj.* 雖然 (= *though*[1])
  legend[4] ('lɛdʒənd) *n.* 傳說　　modern[2] ('madən) *adj.* 現代的
  figure[2] ('fɪgjɚ) *n.* 人物；形象
  create[2] (krɪ'et) *v.* 創造；設計出
  Irish ('aɪrɪʃ) *adj.* 愛爾蘭的　　author[3] ('ɔθɚ) *n.* 作家
  Bram Stoker ('bræm'stokɚ) *n.* 布拉姆‧斯托克
  novel[2] ('navḷ) *n.* 小說
  Dracula ('drækjələ) *n.* 德古拉【是 Bram Stoker 於 1897 年出版，
    以吸血鬼為題材的哥德式恐怖小說。小說中的主角德古拉，
    有別於以往古代神話和傳說中的吸血鬼醜陋、沒有智力的動
    物形象，作者將吸血鬼描繪成文質彬彬、聰明、具有吸引異
    性魅力，能夠控制受害人的思想的紳士。這本小說的成功和
    流行，使得「德古拉」成為吸血鬼的代名詞】
  based on 根據　　***Eastern European*** 東歐的
  folk[3] (fok) *adj.* 民間的　　tale[1] (tel) *n.* 故事

10. (**D**) ***date back*** 可追溯到 (= *can be traced back to*)

TEST 28

說明： 第1至10題，每題一個空格。請依文意在文章後所提供的(A)到(L)
選項中分別選出最適當者。

Sherlock Holmes had come to my office four years
before. Not until then ___1___ I know that the most cunning
and most powerful criminal in the world was out to get
Holmes. Holmes had spent years in ___2___ of the master
criminal, Professor James Moriarty. Moriarty warned him:
quit or die with him. Of course, Holmes sneered at him.

Then, a few weeks ago, three men came and tried to
___3___ Holmes, who finally got away with badly broken
knuckles. But Holmes knew in his heart that to stay longer
in London was ___4___ death.

We escaped by slowly making our way to Switzerland,
with Moriarty ___5___ us. One day, we strolled along to the
Reichenbach Fall. At that moment, a boy came from the
hotel looking for me. A woman was ill. On hearing that,
Holmes told me to go ahead. But when I got to the hotel,

no sick woman was in sight at all. It turned out that no one
had sent for me. Suddenly I knew it was Moriarty's __6__!
I rushed back to the cliff. Near the edge __7__ Holmes'
cigarette case, and inside it, there was a note for me.
Holmes had guessed everything when the boy came, and
he let me go back lest I __8__ in danger! He knew the
end had come, he wrote, and yet he wasn't sorry.

On the ground near the edge of the cliff, I could see
clearly Holmes' footprints. Moriarty's prints came up to
them. The deep marks illustrated how __9__ the fight had
been. No footprints came back from the edge. Locked in
each other's arms, they had __10__ to the sharp rocks far
below.

My heart sank, for the world had lost its greatest
detective and I my best friend.

(A) chased   (B) trap   (C) pursuit
(D) plunged   (E) finish   (F) behind
(G) lay   (H) did   (I) competing
(J) be   (K) tempting   (L) desperate

TEST 28 詳解

Sherlock Holmes had come to my office *four years before.* ***Not until*** *then* ¹**(H)** **did** I know ***that*** *the most cunning* **and** *most powerful criminal in the world was out to get Holmes.*

福爾摩斯在四年前來到我的辦公室。直到那時我<u>才</u>知道，全世界最狡猾、最強而有力的罪犯，要找福爾摩斯的麻煩。
₁

* Sherlock Holmes〔'ʃɝlɑk,homz 〕*n.* 福爾摩斯【一位名偵探，
  是柯南・道爾（Conan Doyle）所著偵探小說的主角】
  office¹〔'ɔfɪs 〕*n.* 診療室；診所
  cunning⁴〔'kʌnɪŋ 〕*adj.* 狡猾的（= *sly*⁵）
  be out to get sb. 找某人的碴；讓某人難堪

1. (**H**)「***Not until***… + 助動詞 + 主詞 + 原形動詞」表「直到…才」，
   且依句意為過去式，選 (H) ***did***。

Holmes had spent years in ²**(C)** *pursuit of the master criminal, Professor James Moriarty.* Moriarty warned him: quit ***or*** die *with him.* *Of course,* Holmes sneered at him.

福爾摩斯花了好幾年的時間<u>追捕</u>主犯詹姆斯・莫里亞蒂教授。莫里亞蒂警
₂
告他：要收手，否則就和他同歸於盡。當然，福爾摩斯嘲笑他。

* master¹〔'mæstɚ 〕*adj.* 主要的　　criminal¹〔'krɪmən̩ 〕*n.* 罪犯
  master criminal 主犯
  Professor James Moriarty 詹姆斯・莫里亞蒂教授【是個虛構角色，為
  知名偵探福爾摩斯的主要對手。莫里亞蒂是公認的頭號超級反派，是世界犯罪
  組織首腦，但在一般人眼中是一位擁有良好聲譽的數學系教授，被福爾摩斯稱
  為「犯罪界的拿破崙」，最後在萊辛巴赫瀑布的決鬥中，摔落瀑布身亡】

quit[2] ﹝ kwɪt ﹞ *v.* 停止；放棄　　sneer[6] ﹝ snɪr ﹞ *v.* 嘲笑＜*at*＞

2. (**C**)　pursuit[4] ﹝ pɚˋsut ﹞ *n.* 追求　　***in pursuit of*** 追捕

*Then, a few weeks ago, three men came **and** tried to* [3](E) *finish*

*Holmes, **who** finally got away with badly broken knuckles.* ***But*** Holmes

knew *in his heart **that** to stay longer in London was* [4](K) *tempting death.*

　　然後，在幾個禮拜前，有三名男子前來想要<u>殺</u>福爾摩斯，他最後是指
　　　　　　　　　　　　　　　　　　　　　　　　　　　　　3
關節嚴重碎裂地逃走。但是福爾摩斯心裡知道，繼續待在倫敦，就是在<u>找
死</u>。
　　　　　　　　　　　　　　　　　　　　　　　　　　　　　4

　　* ***the other night*** 前幾天晚上　　***get away*** 逃走
　　broken[1] ﹝ ˋbrokən ﹞ *adj.* 破裂的；破碎的
　　knuckle[4] ﹝ ˋnʌkḷ ﹞ *n.* 指關節

3. (**E**)　finish[1] ﹝ ˋfɪnɪʃ ﹞ *v.* 殺；終結

4. (**K**)　tempting ﹝ ˋtɛmptɪŋ ﹞ *adj.* 吸引人的；誘惑人的
　　　　　　【tempt[2] ﹝ tɛmpt ﹞ *v.* 引誘；吸引】

We escaped *by slowly making our way to Switzerland, with*

Moriarty [5](F) *behind us. One day*, we strolled *along to the Reichenbach*

Fall. At that moment, a boy came *from the hotel looking for me.* A

woman was ill. *On hearing that*, Holmes told me to go ahead.

我們逃脫了，慢慢地往瑞士前進，莫里亞蒂跟<u>在我們的後面</u>。有一天，
              5   5
我們漫步前往萊辛巴赫瀑布。那時有個從飯店來的男孩在找我。有個女人
生病了。一聽到那件事，福爾摩斯就叫我先去。

 * escape³〔ə'skep〕v. 逃 **make** one's **way** 前進
 Switzerland〔'swɪtsələnd〕n. 瑞士 stroll⁵〔strol〕v. 漫步
 along¹〔ə'lɔŋ〕adv. 向前 fall¹〔fɔl〕n. 瀑布
 Reichenbach Fall〔'raɪdənbɑh'fɔl〕n. 萊辛巴赫瀑布
 moment¹〔'momənt〕n. 時刻
 on hearing that 一聽到那件事 **go ahead** 先走

5. (**F**) behind¹〔bɪ'haɪnd〕prep. 在⋯的後面；在⋯之後

But when I got to the hotel, no sick woman was in sight *at all*. It

turned out *that* no one had sent for me. *Suddenly* I knew *it was*

Moriarty's ⁶(**B**) *trap*! I rushed *back to the cliff*. *Near the edge* ⁷(**G**) lay

Holmes' cigarette case, *and inside it*, there was a note *for me*.
但是當我到飯店時，視線範圍內根本沒有生病的女人。結果也沒有人被派
去叫我。突然間，我知道這是莫里亞蒂的<u>陷阱</u>！我衝回去懸崖。靠近懸崖
                6
邊<u>有</u>福爾摩斯的香菸盒，盒裡有一張寫給我的紙條。
 7

 * **get to** 到達 **not⋯at all** 一點也不⋯
 sight¹〔saɪt〕n. 視力；視域 **turn out** 結果
 suddenly²〔'sʌdn̩lɪ〕adv. 突然地 rush²〔rʌʃ〕v. 衝
 edge¹〔ɛdʒ〕n. 邊緣 cigarette¹〔'sɪgə,rɛt〕n. 香菸
 case¹〔kes〕n. 盒子 note¹〔not〕n. 紙條

6. (**B**) trap²〔træp〕n. 陷阱

7. (**G**)　「地點 + be 動詞 / lie」表示「…有～」，依句意為過去式，

故空格應填 *was* 或 *lay*，選 (G)。

lie[1] 〔 laɪ 〕 *v.* 位於；在；躺【三態變化：lie-lay-lain】

Holmes had guessed everything ***when** the boy came,* **and** he let me go

back ***lest I*** [8](**J**) *be in danger!* *He knew the end had come,* he wrote, **and**

yet *he wasn't sorry.*

當那男孩來的時候，福爾摩斯已經猜到一切，他讓我回去，唯恐我會<u>有危</u>

<u>險</u>！他知道死期將至，他寫道，但是他並不難過。

8

* lest[5] 〔 lɛst 〕 *conj.* 以免　　***in danger*** 有危險
  end[1] 〔 ɛnd 〕 *n.* 結束；死亡　　***and yet*** 但是
  sorry[1] 〔 'sɔrɪ 〕 *adj.* 難過的；遺憾的

8. (**J**)　lest
　　　　　in case　　　　｝+ S. + (should) + V. 表「唯恐；以免」，
　　　　　for fear that
　　　　　故選 (J) *be*。

On the ground near the edge of the cliff, I could see *clearly*

Holmes' footprints.　Moriarty's prints came up to them.　The deep

marks illustrated ***how*** [9](**L**) *desperate* the fight had been.

　　靠近懸崖邊緣的地上，我可以清楚看見福爾摩斯的腳印。莫里亞蒂的

腳印靠得很近。痕跡很深，說明了那場打鬥是多麼<u>拼命</u>。

9

* footprint 〔 'fʊt,prɪnt 〕 *n.* 腳印　　print[1] 〔 prɪnt 〕 *n.* 痕跡
  come up to 接近　　mark[2] 〔 mɑrk 〕 *n.* 痕跡
  illustrate[4] 〔 'ɪləstret 〕 *v.* 說明　　fight[1] 〔 faɪt 〕 *n.* 打鬥

9. (**L**) desperate[4] ('dɛspərɪt) *adj.* 拼命的；不顧一切的

No footprints came *back from the edge.* *Locked in each other's arms,*

they had [10]**(D) plunged** *to the sharp rocks far below.*

沒有腳印從懸崖邊緣回來的跡象。他們的手臂鎖住彼此，已經深深地跌落
到底下銳利的岩石中。
                                                        10

* lock[2] (lak) *v.* 使不能動彈；纏住；與…扭在一起
  sharp[1] (ʃɑrp) *adj.* 銳利的   rock[1,2] (rɑk) *n.* 岩石
  far below 在遠遠的下方

10. (**D**) plunge[5] (plʌndʒ) *v.* 跌落；迅速落下

My heart sank, ***for*** *the world had lost its greatest detective **and** I*

my best friend.

我的心情很沮喪，因為全世界失去了最棒的偵探，而我失去了最好的
朋友。

* sink[2] (sɪŋk) *v.* 下沉；(心情) 沮喪、灰心；(意志) 消沉
   【三態變化：sink-sank-sunk】
   for[1] (fɔr) *conj.* 因為 (= because[1])   ***the world*** 全世界的人
   detective[4] (dɪ'tɛktɪv) *n.* 偵探

【補充資料】

問：福爾摩斯和莫里亞蒂教授一起死了嗎？

答：沒有。為了不讓福迷失望，福爾摩斯沒死，而莫里亞蒂死了。
本來作者柯南‧道爾在 1894 年決定停止寫偵探小說，所以才在《最後一案》
中，讓福爾摩斯跟莫里亞蒂一起掉下去，在大瀑布的激流中死去。不料發表
之後，廣大讀者對此憤慨，提出抗議，連載的雜誌訂閱量劇減。作者迫於壓
力，又續寫了福爾摩斯的歸來，後來在《空屋》中，讓福爾摩斯復活了，講
述福爾摩斯根本未掉下懸崖，腳印是反穿鞋留下的。

TEST 29

說明： 第 1 至 10 題，每題一個空格。請依文意在文章後所提供的 (A) 到 (L) 選項中分別選出最適當者。

If you want to communicate better in English, it is important to have a ___1___ of the four major skills. Listening, speaking, reading and writing are the ___2___ skills you need to communicate in any language. ___3___ very good at only one of these skills will not help you to communicate. For example, you need to be able to read well before you can write well. You also need to be able to listen before you can speak. You listen to someone ask you a question, and then you speak and give them your answer. You read a letter from someone, and then you write back to them. These are examples of communicating.

Some students want to know which skill is the most important. Since all of the skills ___4___ on each other, they are all important. However, to communicate we do use some skills more often than others. For a(n) ___5___ communicator in English, about 40% of the time is spent

simply listening. About 35% of the time is spent speaking.
__6__ 16% of communication comes from reading, and
about 9% from writing. Depending on someone's job or
__7__, these numbers may vary. Each of these main skills
has micro skills within them. For example, pronunciation
is a type of speaking skill that must be practiced in order to
improve communication. Spelling is a skill that makes
__8__ the written word easier. Grammar and vocabulary
are other micro skills.

__9__ the best results, create a(n) __10__ that
combines all four areas of study. Allow one type of
studying to lead into another. For example, read a story and
then talk about it with a friend. Watch a movie and then
write about it. This is what teachers in an English class
would have you do, right?

(A) understanding   (B) average   (C) For

(D) balance   (E) Approximately   (F) schedule

(G) Being   (H) situation   (I) rely

(J) basic   (K) reply   (L) Up

TEST 29　詳解

If you want to communicate better in English, it is important to

have a [1](D) balance *of the four major skills.*

如果你想要更善於用英文溝通，那麼擁有<u>均衡</u>的四項主要技能是很
1
重要的。

* communicate[3] 〔kə'mjunə,ket〕 v. 溝通
  major[3] 〔'medʒɚ〕 adj. 主要的　　skill[1] 〔skɪl〕 n. 技能

1. (**D**)　balance[3] 〔'bæləns〕 n. 平衡；均衡

Listening, speaking, reading *and* writing are the [2](J) basic skills

you need to communicate in any language. [3](G) *Being very* good at

only one *of these skills* will not help you *to communicate.*

聽說讀寫是要使用任何語言溝通的<u>基本</u>技能。只是非常<u>精通</u>其中一項技
2　　　　　　　3
能，對溝通不會有幫助。

* *listening*, *speaking*, *reading and writing*　聽說讀寫
  be good at　精通；擅長 (= *be skilled at*)

2. (**J**)　basic[1] 〔'besɪk〕 adj. 基本的

3. (**G**)　空格應填動名詞當主詞，故選 (G) *Being*。

For example, you need to be able to read *well **before** you can write*

well. You *also* need to be able to listen ***before** you can speak*.

例如，想要寫得好之前，就必須要能好好閱讀。在你會說之前，也必須要能聽得懂。

* example[1] 〔 ɪgˊzæmpḷ 〕*n.* 例子
  for example 例如 (= *for instance*)　　***be able to V.*** 能夠…

You listen to someone ask you a question, ***and** then you speak **and***

give them your answer.　You read a letter *from someone*, ***and** then you*

write *back to them*.　These are examples *of communicating*.

你聽別人問你問題，然後對他們說出你的回答。你閱讀某人寫的一封信，然後回信給他們。這些就是溝通的例子。

* ***write back to sb.*** 回信給某人

Some students want to know ***which** skill is the most important*.

***Since** all of the skills* [4](**I**) *rely on each other*, they are all important.

有些學生想知道，哪一項技能是最重要的。因爲這些技能都彼此依賴，所以它們都很重要。

* since[1] 〔 sɪns 〕*conj.* 因爲 (= *because*[1])

4. (**I**) rely[3] 〔 rɪˊlaɪ 〕*v.* 依賴
   rely on 依賴 (= *depend on* = *count on*)

However, **to communicate** we do use some skills *more often* **than** *others.*

For an [5]**(B)** *average communicator in English,* about 40% *of the time is*

spent *simply listening.* About 35% *of the time* is spent *speaking.*

然而，要與人溝通，我們使用某些技能的頻率，的確比其他技能高。對於一般用英文溝通的人來說，大約百分之四十的時間，只是用來傾聽。大約
5
百分之三十五的時間，是用來說話。

> *others[1] 〔ˋʌðɚz〕 *n. pl.* 其他的人或物
> communicator[3] 〔kəˋmjunəˏketɚ〕 *n.* 溝通者
> **spend** + 時間 + **(in)** + **V-ing** 花時間做…
> simply[2] 〔ˋsɪmplɪ〕 *adv.* 僅僅；只是

5. (**B**) average[3] 〔ˋævərɪdʒ〕 *adj.* 平均的；一般的

[6]**(E)** Approximately 16% *of communication* comes *from reading,* **and**

about 9% *from writing. Depending on someone's job or* [7]**(H)** *situation,*

these numbers may vary.

大約百分之十六的溝通是來自閱讀，而百分之九是來自寫作。這些數據可
6
能會視一個人的工作或情況而有所變動。
7

> * communication[4] 〔ˏkəmjunəˋkeʃən〕 *n.* 溝通
> **depend on** 視…而定；取決於
> number[1] 〔ˋnʌmbɚ〕 *n.* 數字
> vary[3] 〔ˋvɛrɪ〕 *v.* 改變；不同

6. (**E**) approximately[6] (əˈprɑksəmɪtlɪ) *adv.* 大約 (= *about*[1])

7. (**H**) situation[3] (ˌsɪtʃuˈeʃən) *n.* 情況

Each *of these main skills* has micro skills *within them. For example,*

pronunciation is a type *of speaking skill **that** must be practiced in order*

to improve communication.

這些主要的技能中，每一項都包含一些小技能。例如，發音是一種說話的
技能，想要改善溝通，就必須練習發音。

　　* main[2] (men) *adj.* 主要的 (= *major*[3])
　　micro (ˈmaɪkro) *adj.* 微小的
　　【如：microwave[3] *n.* 微波、microscope[4] *n.* 顯微鏡 等】
　　within[2] (wɪˈðɪn) *prep.* 在…之內
　　pronunciation[4] (ˌprənʌnsɪˈeʃən) *n.* 發音
　　type[2] (taɪp) *n.* 類型　　practice[1] (ˈpræktɪs) *v.* 練習
　　***in order to V**.* 為了…　　improve[2] (ɪmˈpruv) *v.* 改善

Spelling is a skill ***that** makes* [8](**A**) *understanding the written word*

easier. Grammar **and** vocabulary are other micro skills.

拼字是一種能使人更容易理解書寫文字的技能。其他的小技能，還有文法
和字彙。
8

　　*spelling[2] (ˈspɛlɪŋ) *n.* 拼字　　written[1] (ˈrɪtn̩) *adj.* 書寫的
　　grammar[4] (ˈgræmə) *n.* 文法
　　vocabulary[2] (vəˈkæbjuˌlɛrɪ) *n.* 字彙

8.(**A**) 空格應填動名詞，依句意，選 (A) ***understanding***[1]
　　　〔͵ʌndɚ'stændɪŋ 〕 *n.* 了解。

⁹(**C**) *For the best results*, create a ¹⁰(**F**) schedule ***that*** *combines all*

four areas of study. Allow one type *of studying to lead into another.*

　　為得到最好的結果，就要設計一個結合四項學習領域的課程表。讓一
　9　　　　　　　　　　　　　　　　　　　　　　　　　10
種學習類型通另一種。

　　　* result[2] 〔 rɪ'zʌlt 〕 *n.* 結果；成果
　　　create[2] 〔 krɪ'et 〕 *v.* 設計；創造
　　　combine[3] 〔 kəm'baɪn 〕 *v.* 結合　　area[1] 〔'ɛrɪə 〕 *n.* 領域
　　　study[1] 〔'stʌdɪ 〕 *n.* 讀書；研究　　allow[1] 〔 ə'laʊ 〕 *v.* 讓
　　　lead into　通向；導致

9.(**C**) 依句意，「為得到」有最好的結果，選 (C) ***For***。

10.(**F**) schedule[3] 〔'skɛdʒʊəl 〕 *n.* 時間表；課程表

For example, read a story ***and*** *then* talk about it *with a friend.* Watch

a movie ***and*** *then* write about it. This is ***what*** *teachers in an English*

class would have you do, right?

　　例如，閱讀一篇故事，然後與朋友談論它。看一部電影，然後寫和它有關
的內容。這是英文課的老師會要求你做的，對吧？

　　　* ***and then***　於是；然後　　have[1] 〔 hæv 〕 *v.* 使；叫

TEST 30

說明： 第 1 至 10 題，每題一個空格。請依文意在文章後所提供的(A)到(L)
選項中分別選出最適當者。

There's plenty to be learned from America's comedy
output. ___1___ to attract as many people as possible, US
sitcoms don't just succeed by being funny but also by being
real. As a result, they do a good job of capturing the true
___2___ of people's opinions.

On cultural issues, for example, they show that much
has changed in the last 10 years. But some traditions and
values remain as ___3___ as apple pie.

In terms of change, one of the most startling
developments is the growth in the number of gay sitcom
characters and their ___4___ to the viewing public. *Modern
Family* is a mega-hit comedy that ___5___ three families—a
white couple with two kids, an interracial marriage between
a white man and a Hispanic woman, and a gay couple who
are raising an adopted daughter.

The show isn't about politically correct clichés. In one
episode, the gay couple—Cameron and Mitchell—want to

get their toddler into a popular school. __6__ that their sexuality isn't enough to win over the ultra-liberal headmaster, Cameron pretends to be a Native American. His improvised "injun" accent is met with a stony silence and the daughter doesn't get her place.

Given that it explores race and sexuality with __7__ frankness, we might expect *Modern Family* to be something that mostly Democrats watch. In fact, both Obama and Romney have cited it as their favorite show, and Republicans in general are more __8__ to watch it than Democrats.

Why? It might be because *Modern Family* __9__ the changing status of gay and lesbian people in American society. Four in 10 Americans tell pollsters that they have a gay friend or relative and one in four gay couples are now raising a child. Gays and lesbians are increasingly more __10__ and accepted.

(A) Worried   (B) features   (C) reflects

(D) acceptability (E) visible   (F) such

(G) Written   (H) American   (I) complexity

(J) likely   (K) since   (L) variations

TEST 30 詳解

There's plenty *to be learned from America's comedy output.*

[1](G) *Written to attract as many people* ***as*** *possible,* US sitcoms do***n't***

just succeed *by being funny* ***but also*** *by being real. As a result,* they do

a good job *of capturing the true* [2](I) *complexity of people's opinions.*

從美國的喜劇作品中可以學到很多。爲了儘可能吸引更多的人而寫，
1
美國情境喜劇成功不僅僅是因爲有趣，而且也是因爲眞實。因此，他們在
拍攝人們意見的眞實複雜性表現得很出色。
2

* plenty[3] 〔'plɛntɪ〕 *n.* 豐富；衆多；大量
   comedy[4] 〔'kɑmədɪ〕 *n.* 喜劇
   output[5] 〔'aut͵put〕 *n.* 產品；作品　　attract[3] 〔ə'trækt〕 *v.* 吸引
   as···as possible 儘可能···
   sitcom 〔'sɪt͵kɑm〕 *n.* 情境喜劇（= *situation comedy*）
   succeed[2] 〔sək'sid〕 *v.* 成功
   funny[1] 〔'fʌnɪ〕 *adj.* 好笑的　　real[1] 〔'riəl〕 *adj.* 眞實的
   as a result 因此
   capture[3] 〔'kæptʃɚ〕 *v.* 拍攝（照片、電影等）
   opinion[2] 〔ə'pɪnjən〕 *n.* 意見

1. (**G**) 依句意，爲了儘可能吸引更多的人而「寫」，故選 (G) ***Written***。

2. (**I**) complexity[6] 〔kəm'plɛksətɪ〕 *n.* 複雜（性）

On cultural issues, for example, they show ***that** much has*

changed in the last 10 years. ***But** some traditions **and** values remain*

as [3](**H**) American *as apple pie.*

例如，他們表現出在文化議題上，在過去十年內，發生了很大的變
化。但一些傳統和價值觀，仍然是典型<u>美國式的</u>。
　　　　　　　　　　　　　　　3

* cultural[3] 〔ˈkʌltʃərəl〕 *adj.* 文化的　　issue[5] 〔ˈɪʃjʊ, ˈɪʃʊ〕 *n.* 議題
tradition[2] 〔trəˈdɪʃən〕 *n.* 傳統　　values[2] 〔ˈvæljʊz〕 *n. pl.* 價值觀
remain[3] 〔rɪˈmen〕 *v.* 保持；仍然

3. (**H**) ***as American as apple pie*** 典型美國式的；道地美國式的

In terms of change, one *of the most startling developments* is

the growth *in the number of gay sitcom characters **and** their*

[4](**D**) *acceptability to the viewing public.*

　　就改變而言，最驚人的發展之一，是情境喜劇同性戀角色人數的增加，
以及觀眾對其<u>可接受度</u>的增長。
　　　　　　　　　　　4

* ***in terms of*** 就…而言　　startling[5] 〔ˈstɑrtḷɪŋ〕 *adj.* 驚人的
development[2] 〔dɪˈvɛləpmənt〕 *n.* 發展
growth[2] 〔groθ〕 *n.* 成長　　gay[5] 〔ge〕 *adj.* 同性戀的
character[2] 〔ˈkærɪktɚ〕 *n.* 人物　　view[1] 〔vju〕 *v.* 觀看
the public 大眾　　***the viewing public*** 觀眾

4. (**D**) acceptability[3] 〔əkˌsɛptəˈbɪlətɪ〕 *n.* 可接受度

Modern Family is a mega-hit comedy *that* [5](B) *features three families—a white couple with two kids, an interracial marriage between a white man **and** a Hispanic woman, **and** a gay couple **who** are raising an adopted daughter.*

《摩登家庭》是一部大受歡迎的喜劇，以三個家庭為特色——一對白人夫妻
和兩個小孩、白人和拉丁美洲裔女性不同種族間的婚姻，以及一對同性情
侶撫養一個領養女兒。

* mega-hit〔ˈmɛgəˌhɪt〕 *adj.* 最熱門的；大受歡迎的
couple[2]〔ˈkʌpḷ〕 *n.* 一對男女；夫婦　　kid[1]〔kɪd〕 *n.* 小孩
interracial〔ˌɪntəˈreʃəl〕 *adj.* 不同種族間的
marriage[2]〔ˈmærɪdʒ〕 *n.* 婚姻
Hispanic〔hɪsˈpænɪk〕 *adj.* 拉丁美洲裔的；西班牙的
raise[1]〔rez〕 *v.* 撫養　　adopted[3]〔əˈdɑptɪd〕 *adj.* 收養的

5. (**B**) feature[3]〔ˈfitʃɚ〕 *v.* 以…為特色

The show isn't about *politically* correct clichés. *In one episode, the gay couple—Cameron **and** Mitchell—want to get their toddler into a popular school.*

　　這個節目不是關於政治正確的陳腔濫調。在其中一集裡，同性情侶卡
麥隆和米切爾，想讓他們的小孩進入一間很受歡迎的學校。

* politically[3]〔pəˈlɪtɪkḷɪ〕 *adv.* 政治地
politically correct 政治正確的；言行避免有歧視之嫌的
cliché[4]〔kliˈʃe〕 *n.* 老套；陳腔濫調
episode[6]〔ˈɛpəˌsod〕 *n.* (連續劇的) 一集
toddler[4]〔ˈtɑdḷɚ〕 *n.* 初學走路的小孩

[6]**(A)** *Worried **that** their sexuality isn't enough to win over the ultra-liberal*

headmaster, Cameron pretends to be a Native American. His

improvised "injun" accent is met *with a stony silence **and** the daughter*

doesn't get her place.

擔心他們的性傾向不足以說服超自由主義的校長，卡麥隆就假裝是一個印
  6
第安人。他的即興「印第安人」口音遭遇到尷尬的沉默，他們的女兒並沒
有得到入學的機會。

> * sexuality[3] 〔ˌsɛkʃʊˈælətɪ〕 *n.* 性傾向　　***win over*** 說服
> ***ultra-*** 超…；極度…　　liberal[3] 〔ˈlɪbərəl〕 *adj.* 自由的；開明的
> headmaster[1] 〔ˈhɛdˌmæstɚ〕 *n.* 校長　　pretend[3] 〔prɪˈtɛnd〕 *v.* 假裝
> native[3] 〔ˈnetɪv〕 *adj.* 本地的；本國的　　***Native American*** 印第安人
> improvised[4] 〔ˈɪmprəˌvaɪzd〕 *adj.* 即興的
> injun 〔ˈɪndʒən〕 *n.* 印第安人　　accent[4] 〔ˈæksɛnt〕 *n.* 腔調
> ***be met with*** 遭遇到　　stony[4] 〔ˈstonɪ〕 *adj.* 冷漠的；無情的
> ***stony silence*** 冷漠地聽；尷尬的沈默
> place[1] 〔ples〕 *n.* (入學的) 機會；名額

6. (**A**) 依句意，「擔心」他們的性傾向不足以說服，故選 (A) ***Worried***。

***Given that** it explores race **and** sexuality with* [7]**(F)** *such frankness,*

we might expect *Modern Family* to be something **that** *mostly*

Democrats watch.

有鑑於它如此坦率探討種族和性傾向，我們可以預期，《摩登家庭》
      7
大多是民主黨員看的東西。

* ***given that*** 有鑑於；考慮到　　**explore**[4] 〔 ɪkˈsplor 〕 *v.* 探討
　race[1] 〔 res 〕 *n.* 種族
　frankness[2] 〔ˈfræŋknɪs 〕 *n.* 坦白；率直
　expect[2] 〔 ɪkˈspɛkt 〕 *v.* 預期　　**mostly**[4] 〔ˈmostlɪ 〕 *adv.* 大多
　Democrat[5] 〔ˈdɛməˌkræt 〕 *n.* 民主黨員

7. (**F**) 依句意，有鑑於它「如此」坦率地探討種族和性傾向，故選
　　(F) ***such***。

In fact, both Obama ***and*** Romney have cited it *as their favorite show*,

and Republicans *in general* are *more* [8](**J**) likely to watch it ***than***

Democrats.

事實上，歐巴馬和羅姆尼，都把它列為他們最喜愛的節目，而且一般來說，
共和黨員比民主黨員更有可能觀看。

* **Obama** 〔 oˈbɑmə 〕 *n.* 歐巴馬【Barack Obama，巴拉克·
　歐巴馬。美國民主黨政治人物，從 2009 年至 2017 年任第
　44 任美國總統。他是第一位美國非裔總統，也是第一位
　出生於美國本土之外的美國總統】

Barack Obama

　Romney 〔ˈromni 〕 *n.* 羅姆尼【Willard Mitt Romney，
　威拉德·米特·羅姆尼。美國商人和政治家、第 70 任馬
　薩諸塞州州長，2012 年美國總統選舉的共和黨提名候選
　人，敗於尋求連任的巴拉克·歐巴馬】
　cite[5] 〔 saɪt 〕 *v.* 引用；談到
　favorite[2] 〔ˈfevərɪt 〕 *adj.* 最喜愛的

Willard Mitt Romney

　show[1] 〔 ʃo 〕 *n.* 節目　　**Republican**[5] 〔 rɪˈpʌblɪkən 〕 *n.* 共和黨員
　in general 一般而言；大致說來

8. (**J**) 依句意，一般來說，共和黨員比民主黨員更「有可能」觀看，
　　故選 (J) ***likely***。

Why? It might be ***because*** *Modern Family* [9](**C**) *reflects the changing status of gay **and** lesbian people in American society.* Four *in 10 Americans* tell pollsters ***that*** *they have a gay friend **or** relative **and** one in four gay couples* are *now* raising a child. Gays ***and*** lesbians are *increasingly more* [10](**E**) visible ***and*** accepted.

　　爲什麼？這可能是因爲《摩登家庭》反映了同性戀者在美國社會中不
斷變化的地位。每十個美國人，就有四個告訴民意調查員，他們有一位同
性戀朋友或是同性戀親戚，而且每四對的同性情侶，就有一對正在撫養小
孩。同性戀者越來越常見而且被接受。

* status[4] ('stetəs) *n.* 地位
   lesbian ('lɛzbɪən) *adj.* 女同性戀的　*n.* 女同性戀者
   society[2] (sə'saɪətɪ) *n.* 社會
   pollster ('polstə) *n.* 民意調查員【poll[3] (pol) 民意調查】
   relative[4] ('rɛlətɪv) *n.* 親戚
   increasingly[2] (ɪn'krisɪŋlɪ) *adv.* 越來越多地
   accept[2] (ək'sɛpt) *v.* 接受

9. (**C**) reflect[4] (rɪ'flɛkt) *v.* 反映

10. (**E**) visible[3] ('vɪzəbḷ) *adj.* 看得見的；可見的

TV program *Modern Family*

TEST 31

說明： 第 1 至 10 題，每題一個空格。請依文意在文章後所提供的 (A) 到 (L)
選項中分別選出最適當者。

In this day and age, it would raise a few eyebrows if a
person said he had never been on Facebook or did not know
how to search for information online. But while the benefits
of the Internet are inarguable, what are our new cyber skills
doing to traditional ___1___, like reading? Academics from
around the world are engaged in this debate, in ___2___ of
the answer to a controversial question—is the computer
making us stupid and lazy?

Some argue that the Internet has greatly ___3___ our
attention spans, which effect is especially evident in
teenagers. They worry that the digital age is ___4___
affecting our concentration skills, and our abilities to read
and organize information. Indeed, some even argue that
the rise of the Internet has changed the very way our brains
function. In other words, we are more ___5___ to absorbing
only small amounts of information and are losing the ability
to contemplate abstract ideas. Nowadays, we don't curl up

with a book and read it from beginning to end; __6__, we flip, browse, and skim—a trend that worries parents and academics.

But Web supporters __7__ that spending time online can, in fact, involve a lot of reading. The always ready and easy access to the Internet has sparked a different kind of reading, one in which readers interact with information and __8__ to it. This kind of social engagement is almost impossible with books. Moreover, online reading allows users to gather information from different __9__—blogs, news sites, photo journals—and take advantage of various perspectives and different media in forming their opinions.

While parents, professors, and Internet __10__ continue the debate, it's perhaps best to borrow from both schools of thought. The power of the Internet is great, and all the more so if we learn to use it wisely.

(A) diminished   (B) instead   (C) sources

(D) advocates   (E) contribute   (F) search

(G) negatively   (H) counter   (I) prone

(J) ones   (K) normal   (L) perspire

TEST 31 詳解

*In this day **and** age*, it would raise a few eyebrows │*if a person*

*said he had never been on Facebook **or** did not know **how** to search for*

information online.

現在，如果有人說他從來沒有上過臉書，或者不知道如何在網路上搜尋資訊，將會令一些人感到很驚訝的。

* day¹ 〔 de 〕 *n.* 時代   age¹ 〔 edʒ 〕 *n.* 時代
in this day and age 現在（ = *at the present time* = *now* ）
raise¹ 〔 rez 〕 *v.* 提高
eyebrows² 〔 ˈaɪˌbraʊz 〕 *n. pl.* 眉毛
raise eyebrows 使驚訝
Facebook 〔 ˈfesˌbʊk 〕 *n.* 臉書
search² 〔 sɝtʃ 〕 *v.* 尋找；搜尋 < *for* >
information⁴ 〔 ˌɪnfɚˈmeʃən 〕 *n.* 資訊
online 〔 ˈɑnˌlaɪn 〕 *adv.* 在線上；在網路上

*But **while** the benefits of the Internet are inarguable*, what are our new

cyber skills doing *to traditional* ¹**(J)** *ones, like reading*? Academics

from around the world are engaged in this debate, *in* ²**(F)** *search of the*

answer to a controversial question—is the computer making us stupid

and lazy?

但雖然網際網路的好處是無庸置疑的，但是我們新的電腦技能，對像是閱讀之類的傳統技能做了什麼呢？世界各地的學者參與了這場辯論，要尋找
　　　　1　　　　　　　　　　　　　　　　　　　　　　　　　　　　2
一個具爭議性問題的答案──電腦會使我們愚笨和懶惰嗎？

* while[1] 〔 hwaɪl 〕 *conj.* 雖然 (= *though*)

benefit[3] 〔 'bɛnəfɪt 〕 *n.* 利益；好處

Internet[4] 〔 'ɪntɚˏnɛt 〕 *n.* 網際網路

inarguable 〔 ɪn'argjəbḷ 〕 *adj.* 無可爭辯的；無庸置疑的

【argue[2] *v.* 爭論】

cyber 〔 'saɪbɚ 〕 *adj.* 電腦與網路的　　　skill[1] 〔 skɪl 〕 *n.* 技能；技巧

traditional[2] 〔 trə'dɪʃənl 〕 *adj.* 傳統的

academic[4] 〔 ˏæk'dɛmɪk 〕 *n.* 學者　*adj.* 學術的

engage[3] 〔 ɪn'gedʒ 〕 *v.* 使參與　　***be engaged in***　參與

debate[2] 〔 dɪ'bet 〕 *n.* 辯論

controversial[6] 〔 ˏkɑntrə'vɝʃəl 〕 *adj.* 爭議性的

stupid[1] 〔 'stjupɪd 〕 *adj.* 愚笨的　　lazy[1] 〔 'lezɪ 〕 *adj.* 懶惰的

1. (**J**)　依句意，新電腦「技能」和像是閱讀之類的傳統「技能」，故選
　　　　(J) ***ones***，用來代替前面出現過的 skills。

2. (**F**)　***in search of***　尋找

Some argue ***that*** the Internet has greatly [3](**A**) diminished our

attention spans, ***which*** effect is especially evident in teenagers. They

worry ***that*** the digital age is [4](**G**) negatively affecting our concentration

skills, ***and*** our abilities to read ***and*** organize information.

　　有人認為，網際網路已經大大減少了我們注意力持續的時間，這樣的
　　　　　　　　　　　　　　　3
影響在青少年身上尤其明顯。他們擔心，數位時代會負面地影響我們的專
注技能，以及我們閱讀和組織資訊的能力。
　　　　　　　　　　　4

* argue[2] (ˈɑrgjʊ) v. 主張;認為
  attention[2] (əˈtɛnʃən) n. 注意(力)　span[6] (spæn) n. 期間
  attention span 注意力持續的時間
  effect[4] (ɪˈfɛkt) n. 影響
  especially[2] (əˈspɛʃəlɪ) adv. 特別;尤其
  evident[4] (ˈɛvədənt) adj. 明顯的;顯而易見的
  teenager[2] (ˈtinˌedʒə) n. 青少年
  digital[4] (ˈdɪdʒɪtl̩) adj. 數位的　affect[4] (əˈfɛkt) v. 影響
  concentration[4] (ˌkɑnsɛnˈtreʃən) n. 專注;集中
  ability[2] (əˈbɪlətɪ) n. 能力;才能
  organize[4] (ˈɔrgəˌnaɪz) v. 組織

3. (**A**) diminish[6] (dəˈmɪnɪʃ) v. 減少

4. (**G**) negatively[2] (ˈnɛgətɪvlɪ) adv. 負面地

Indeed, some *even* argue ***that*** *the rise of the Internet has changed the*

very way our brains function. In other words, we are *more* [5](**I**) prone to

absorbing only small amounts *of information* ***and*** are losing the ability

to contemplate abstract ideas.

的確,有些人甚至認為,網際網路的興起,已經改變了我們大腦運作的方
式。換句話說,我們更傾向於吸收少量的資訊,並且失去思考抽象概念的
能力。

* indeed[3] (ɪnˈdid) adv. 的確
  rise[1] (raɪz) n. (地位的)升高;興起
  brain[2] (bren) n. 大腦　function[2] (ˈfʌŋkʃən) v. 運作
  in other words 換句話說　absorb[4] (əbˈsɔrb) v. 吸收
  amount[2] (əˈmaʊnt) n. 數量　lose[2] (luz) v. 失去
  contemplate[5] (ˈkɑntəmˌplet) v. 沈思;思考

abstract[4] (ˈæbstrækt) *adj.* 抽象的
(↔ concrete[4] (kɑnˈkrit) *adj.* 具體的)
idea[1] (aɪˈdiə) *n.* 想法；概念

5. (I) *be prone to* 易於；傾向於

Nowadays, we don't curl up *with a book* **and** read it *from beginning*

to end; [6](**B**) *instead*, we flip, browse, **and** skim—*a trend* **that** worries

parents **and** academics.

如今，我們不會拿著一本書蜷曲而坐，並且把書從頭到尾讀完；相反地，
6
我們翻閱、瀏覽，和略讀——這是個讓家長和學者擔心的趨勢。

* nowadays[4] (ˈnaʊəˌdez) *adv.* 現今
curl up 蜷曲而坐　　*from beginning to end* 從頭到尾
flip[5] (flɪp) *v.* 快速翻（頁）　　browse[5] (braʊz) *v.* 瀏覽
skim[6] (skɪm) *v.* 略讀

6. (**B**) instead[3] (ɪnˈstɛd) *adv.* 作為代替；反而

But Web supporters [7](**H**) counter **that** *spending time online can, in*

fact, involve a lot of reading. The *always* ready **and** easy access *to the*

Internet has sparked a different kind *of reading*, one *in* **which** readers

interact with information **and** [8](**E**) *contribute to it.* This kind *of social*

engagement is *almost* impossible *with books.*

　　但網路支持者<u>反駁</u>說，花時間在上網其實會涉及大量的閱讀。隨時都
　　　　　　　　7
能輕易地上網，已經引發了不同類型的閱讀，其中一種能讓讀者與資訊互
動，並對其有所<u>貢獻</u>。這種社會參與用書本幾乎是不可能的。
　　　　　　　8

　　　* Web[3] 〔 wɛb 〕 *n.* 網際網路　　supporter[2] 〔 sə'portɚ 〕 *n.* 支持者
　　　　involve[4] 〔 ɪn'vɑlv 〕 *v.* 涉及；包含
　　　　access[4] 〔'æksɛs 〕 *n.* 接近或使用權 < *to* >
　　　　spark[4] 〔 spɑrk 〕 *v.* 引起；觸發
　　　　interact[4] 〔ˌɪntɚ'ækt 〕 *v.* <u>互動</u> < *with* >
　　　　social[2] 〔'soʃəl 〕 *adj.* 社會的；社交的
　　　　engagement[3] 〔 ɪn'gedʒmənt 〕 *n.* 參與（感）；關注
　　　　social engagement 社交參與；社交活動

　　7. (**H**)　counter[4] 〔'kaʊntɚ 〕 *v.* 反駁

　　8. (**E**)　contribute[4] 〔 kən'trɪbjʊt 〕 *v.* 貢獻 < *to* >

Moreover, online reading allows users *to gather information from*

different [9](**C**) *sources—blogs, news sites, photo journals—**and** take*

*advantage of various perspectives **and** different media in forming their*

opinions.

此外，線上閱讀讓使用者可以從不同的<u>來源</u>——部落格、新聞網站、照片日
　　　　　　　　　　　　　　　　　　　9
記收集資訊，並利用各種觀點和不同的媒體以形成他們自己的觀點。

　　　* moreover[4] 〔 mor'ovɚ 〕 *adv.* 此外
　　　　online 〔'ɑnˌlaɪn 〕 *adj.* 線上的；網路上的
　　　　allow[1] 〔 ə'laʊ 〕 *v.* 讓　　user[2] 〔'juzɚ 〕 *n.* 使用者；用戶
　　　　gather[2] 〔'gæðɚ 〕 *v.* 收集

blog〔blɔg〕*n.* 部落格;網路日誌
news[1]〔'njuz〕*n.* 新聞　　site[4]〔saɪt〕*n.* 網站(= *website*[4])
photo[2]〔'foto〕*n.* 照片　　journal[3]〔'dʒɝnl̩〕*n.* 日記;日誌
take advantage of 利用　　various[3]〔'vɛrɪəs〕*adj.* 各種不同的
perspective[6]〔pɚ'spɛktɪv〕*n.* 看法;觀點
media[3]〔'midɪə〕*n. pl.* 媒體　　form[2]〔fɔrm〕*v.* 形成;產生
opinion[2]〔ə'pɪnjən〕*n.* 意見;看法

9. (**C**) sources[2]〔'sorsɪz〕*n. pl.* 來源

While *parents, professors,* ***and*** *Internet* [10](**D**) *advocates continue*

the debate, it's *perhaps* best to borrow *from both schools of thought*.

The power *of the Internet* is great, ***and*** *all the more* so ***if*** *we learn to*

use it wisely.

　　雖然家長、教授以及網路擁護者一直持續著這場辯論,但也許採用兩
　　　　　　　　　　　　10
個派別的想法是最好的。網路的力量很強大,如果我們學會明智地使用它,
它的力量會更加強大。

　　* professor[4]〔prə'fɛsɚ〕*n.* 教授
　　borrow[2]〔'baro〕*v.* 借用;採用
　　school[1]〔skul〕*n.* 學派;派別
　　thought[1]〔θɔt〕*n.* 思想
　　all the more 格外;更加
　　wisely[2]〔'waɪzlɪ〕*adv.* 明智地;聰明地

10. (**D**) advocates[6]〔'ædvəkɪts〕*n. pl.* 提倡者;擁護者

TEST 32

說明： 第 1 至 10 題，每題一個空格。請依文意在文章後所提供的 (A) 到 (L) 選項中分別選出最適當者。

　　According to a recent study, smartphone addiction is becoming a global problem. When asked about the use of their smartphone devices, 37 percent of adult ___1___ admitted they were highly addicted to their devices. In fact, our obsession with the latest technologies like smartphones, tablets and laptops may not only cause ___2___, but it may also change our personalities. The researchers identified what they call a "checking habit," that is, ___3___ you repeatedly look at your device for 30 seconds or less and access a single application. Obviously, smartphones seem to be taking over people's lives. It is easy to see how an out-of-control checking habit could ___4___ in negative consequences ranging from a traffic accident to a strained relationship with a friend or a family member. So, if you find yourself twittering from your mobile device while on vacation or experiencing phantom ___5___ constantly even when your iPhone is lying peacefully in your bag, then you might have a smartphone issue.

The best way to __6__ this addiction might be learning to prioritize face-to-face communication. People are often so __7__ on their phones when they are conversing with people that they do not realize they are being disrespectful to them. Talking with others face to face can also help reduce the need to use the phone and the amount of time spent on it each day. Also, if you think you cannot control your __8__ to use the phone, then just switch off your phone or put it on silent and create a smartphone-free zone. We all know the benefits that smartphones have in our lives, but it must be remembered that everything is __9__ only in moderation. Therefore, reducing the overall time spent on smartphones and recognizing how __10__ importance social networks, texts and emails really have in your life will be small steps that help you overcome the smartphone addiction.

(A) participants   (B) focused   (C) distraction

(D) acceptable   (E) result   (F) urge

(G) when   (H) rings   (I) curb

(J) little   (K) decision   (L) discover

TEST 32 詳解

According to a recent study, smartphone addiction is becoming a global problem. *When asked about the use of their smartphone devices*, 37 percent of adult [1](A) participants admitted *they were highly addicted to their devices*.

根據最近的一份研究，智慧型手機成癮正在變成全球性的問題。當被問到智慧型手機的使用時，37%的成年參與者承認，他們手機成癮的情況非常嚴重。

* recent[2] 〔'risn̩t〕 *adj.* 最近的
smartphone 〔'smɑrt,fon〕 *n.* 手機
addiction[6] 〔ə'dɪkʃən〕 *n.* 上癮　　global[3] 〔'globl̩〕 *adj.* 全球的
device[4] 〔dɪ'vaɪs〕 *n.* 精巧的裝置；器具
percent[4] 〔pə'sɛnt〕 *n.* 百分之…
adult[1] 〔ə'dʌlt〕 *adj.* 成年的　　admit[3] 〔əd'mɪt〕 *v.* 承認
highly[4] 〔'haɪlɪ〕 *adv.* 非常　　addict[5] 〔ə'dɪkt〕 *v.* 使上癮
be addicted to 對…上癮

1. (**A**) participant[5] 〔pə'tɪsəpənt〕 *n.* 參與者

In fact, our obsession *with the latest technologies like smartphones*, *tablets **and** laptops* may **not only** cause [2](C) distraction, **but** it may **also** change our personalities.

事實上，我們對像是智慧型手機、平板電腦，和筆記型電腦等最新科技的
著迷，不僅可能導致<u>分心</u>，還可能改變我們的個性。
                    2

   in fact 事實上　obsession〔əb'sɛʃən〕*n.* 著迷
   latest[2]〔'letɪst〕*adj.* 最新的
   technology[3]〔tɛk'nɑlədʒɪ〕*n.* 科技
   tablet[3]〔'tæblɪt〕*n.* 平板電腦
   laptop[2]〔'læp,tɑp〕*n.* 筆記型電腦
   not only…but also 不僅…而且　cause[1]〔kɔz〕*v.* 造成
   personality[3]〔,pɝsn̩'ælətɪ〕*n.* 個性

2. (**C**) distraction[6]〔dɪ'strækʃən〕*n.* 分心

The researchers identified ***what*** they call a *"checking habit,"* that is,

[3]**(G) *when*** you repeatedly look at your device for 30 seconds ***or*** less

and access a single application.
研究人員辨識出他們所謂的「查看習性」，也就是<u>當</u>你重複看你的手機 30
                                              3
秒或更短的時間，並且使用單一應用程式時。

   * researcher[4]〔rɪ'sɝtʃɚ〕*n.* 研究人員
   identify[4]〔aɪ'dɛntə,faɪ〕*v.* 辨識出；確認
   what they call 所謂的（= *what is called*）
   that is 也就是說　repeatedly[2]〔rɪ'pitɪdlɪ〕*adv.* 重複地
   second[1]〔'sɛkənd〕*n.* 秒
   access[4]〔'æksɛs〕*v.* 存取（資料）；進入；使用
   single[2]〔'sɪŋgl̩〕*adj.* 單一的
   application[4]〔,æplə'keʃən〕*n.* 應用程式；應用軟體

3. (**G**) 依句意，也就是「當」你重複看你的手機，選 (G) ***when***。

Obviously, smartphones seem to be taking over people's lives. It is easy to see **how** an out-of-control checking habit could [4]**(E)** *result in* negative consequences ranging from a traffic accident to a strained relationship with a friend **or** a family member.

顯然智慧型手機似乎正在接管人們的生活。很容易就能知道，失控的查看習性是如何<u>導致</u>負面的後果，其涵蓋的範圍從交通事故到與朋友或家庭成員緊張的關係都有。

* obviously[3] (ˋɑbvɪəslɪ) *adv.* 明顯地　　***take over*** 接管
  out-of-control *adj.* 失控的
  negative[2] (ˋnɛɡətɪv) *adj.* 負面的
  consequence[4] (ˋkɑnsə͵kwɛns) *n.* 後果
  range from A to B （範圍）從 A 到 B 都有
  traffic[2] (ˋtræfɪk) *n.* 交通
  accident[3] (ˋæksədənt) *n.* 意外
  strained[5] (strend) *adj.* 緊張的
  relationship[2] (rɪˋleʃən͵ʃɪp) *n.* 關係
  member[2] (ˋmɛmbɚ) *n.* 成員

result in　導致；造成
= bring about
= lead to
= give rise to
= cause

4. (**E**) ***result in***　導致；造成

So, if you find yourself twittering from your mobile device **while** on vacation **or** experiencing phantom [5]**(H)** *rings* constantly even **when** your iPhone is lying peacefully in your bag, then you might have a smartphone issue.

所以，如果你在休假期間發現，自己從行動裝置上發推特，或者即使你的
iPhone 平靜地躺在包包中，你也感受到幻聽的手機鈴聲不斷地響，那麼你
₅
可能有智慧型手機的問題了。

　　* twitter〔ˈtwɪtɚ〕v. 在推特上面發文
　　mobile³〔ˈmobḷ〕adj. 可移動的；機動性的
　　on vacation 渡假　　experience²〔ɪkˈspɪrɪəns〕v. 經歷；體驗
　　phantom〔ˈfæntəm〕adj. 幻想的
　　constantly³〔ˈkɑnstəntlɪ〕adv. 不斷地
　　lie¹〔laɪ〕v. 躺；位於
　　peacefully²〔ˈpisfəlɪ〕adv. 平靜地；安靜地
　　issue⁵〔ˈɪʃu〕n. 問題

5. (**H**) ring¹〔rɪŋ〕v.（鈴）響

The best way *to* ⁶(**I**) *curb this addiction* might be learning to

prioritize face-to-face communication. People are *often so* ⁷(**B**) focused

*on their phones **when** they are conversing with people **that** they do not*

realize they are being disrespectful to them.

　　遏止這種成癮最好的辦法，可能是學習優先處理面對面的溝通。大家
　　₆
在和人交談時，常常太專注自己的手機，以致於沒有意識到這是對他人的
　　　　　　　　₇
不尊重。

　　* prioritize⁵〔praɪˈɔrətaɪz〕v. 確定優先次序；優先處理
　　face-to-face adj. 面對面的
　　communication⁴〔kə,mjunəˈkeʃən〕n. 溝通
　　phone〔fon〕n. 電話（= telephone）
　　converse⁴〔kənˈvɝs〕v. 交談

realize[2] (ˈriəˌlaɪz) v. 了解
disrespectful[4] (ˌdɪsrɪˈspɛktfəl) adj. 無禮的

6. (**I**) curb[5] (kɝb) v. 遏止；控制

7. (**B**) focused[2] (ˈfokəst) adj. 專心的；集中精力的

Talking *with others face to face* can *also* help reduce the need *to use the*

*phone **and*** the amount of time *spent on it each day.* *Also, **if** you think*

you cannot control your [8]**(F)** *urge* to use the phone, *then just* switch off

your phone ***or*** put it *on silent **and*** create a smartphone-free zone.

與他人面對面談話，也可以幫忙減少使用手機的需要，和每天花在手機上
的時間。而且，如果你認為你無法控制使用手機的<u>衝動</u>，那麼就關手機或

者將它設成靜音狀態，創造一個無智慧型手機區。

* reduce[3] (rɪˈdjus) v. 減少　　amount[2] (əˈmaʊnt) n. 數量
switch off 關掉（電器）　　put[1] (pʊt) v. 使處於特定狀態
silent[2] (ˈsaɪlənt) adj. 沈默的；無聲的
put it on silent 把它設成靜音狀態　　create[2] (krɪˈet) v. 創造
free[1] (fri) adj. 沒有…的；免除…的
zone[3] (zon) n. 地區；地帶

8. (**F**) urge[4] (ɝdʒ) n. 衝動

We all know the benefits ***that*** *smartphones have in our lives,* ***but*** it must

be remembered ***that*** *everything is* [9]**(D)** *acceptable* only in moderation.

我們都知道智慧型手機在我們生活中的好處，但是必須記住，一切都要適度才是<u>可接受的</u>。
9

> * benefit[3]〔'bɛnəfɪt〕*n.* 利益；好處
> moderation[4]〔,mɑdə'reʃən〕*n.* 適度；節制
> ***in moderation*** 適度地

9. (**D**) acceptable[3]〔ək'sɛptəbḷ〕*adj.* 可接受的

Therefore, reducing the overall time *spent on smartphones **and***

recognizing ***how*** [10](**J**) <u>little</u> importance social networks, texts ***and***

emails *really* have *in your life* will be small steps ***that** help you*

overcome the smartphone addiction.

因此，減少花在智慧型手機上的整體時間，以及認知到生活中社群網絡、訊息，和電子郵件的重要性，其實是多麼的<u>微不足道</u>，都將會是幫助你克
10
服智慧型手機成癮的一小步。

> * therefore[2]〔'ðɛr,for〕*adv.* 因此
> overall[5]〔'ovɚ,ɔl〕*adj.* 全部的
> recognize[3]〔'rɛkəg,naɪz〕*v.* 認出；認清
> social[2]〔'soʃəl〕*adj.* 社交的
> network[3]〔'nɛt,wɝk〕*n.* 網狀組織
> ***social network*** 社交網路
> text[3]〔tɛkst〕*n.* 簡訊 (= *text message*)
> email[4]〔'i,mel〕*n.* 電子郵件 (= *e-mail*)
> step[1]〔stɛp〕*n.* 一步；步驟
> overcome[4]〔,ovɚ'kʌm〕*v.* 克服

10. (**J**) little[1]〔'lɪtḷ〕*adj.* 小的；微不足道的；幾乎沒有的

TEST 33

說明： 第 1 至 10 題，每題一個空格。請依文意在文章後所提供的 (A) 到 (L) 選項中分別選出最適當者。

As a teenager, I was once standing in line with my father to buy tickets for the circus. One family in front of us made a deep ___1___ on me. There were eight children. You could tell from what they wore they didn't have a lot of money. The children were well-behaved, all of them ___2___ chattering about the clowns, elephants and other acts they would see that night. One could sense they had never been to the circus before. It ___3___ to be a highlight of their young lives.

The father and mother were at the head of the pack. When the ticket lady asked the father how many tickets he wanted, he responded, "Please let me buy eight children's tickets and two ___4___ tickets." The ticket lady quoted the price and then the father's lips began to ___5___. He leaned a little closer and asked, "How much did you say?" The ticket lady again quoted the price. The father didn't have enough money. How was he __6__ to tell his eight kids that he didn't have enough money for the circus?

Seeing __7__ was going on, my dad pulled out a $20 bill from his pocket and dropped it on the ground. (We were not wealthy in any sense!) My dad then reached down, picked up the bill, tapped the father on the shoulder and said, "Excuse me, sir. This fell out of your __8__." The father knew what had happened. He certainly appreciated the help in such a situation. He took my dad's hand in both of his, squeezed __9__ onto the $20 bill, and with tears __10__ down his cheeks, he replied, "Thank you, thank you, sir. This really means a lot to me and my family." My dad and I went back to our car and drove home. We didn't go to the circus that night, but we didn't go without.

(A) excitedly	(B) what	(C) impression
(D) streaming	(E) pocket	(F) adult
(G) promised	(H) quiver	(I) supposed
(J) tightly	(K) quit	(L) how

TEST 33 詳解

As a teenager, I was *once* standing *in line with my father to buy tickets for the circus*.

十幾歲時，有一次我和我爸排隊要買馬戲團的票。

* teenager[2] 〔'tin,edʒɚ〕 *n.* 青少年　　once[1] 〔wʌns〕 *adv.* 曾經；有一次
  stand in line 排隊　　circus[3] 〔'sɝkəs〕 *n.* 馬戲團

One family *in front of us* made a deep [1](C) impression *on me*. There were eight children. You could tell *from **what** they wore they didn't have a lot of money*.

我們前面有一家人，使我印象深刻。他們有八個小孩。從穿著看得出來，他們不是很有錢。

* ***in front of*** 在…前面　　tell[1] 〔tɝl〕 *v.* 看出

1. (C) impression[4] 〔ɪm'prɛʃən〕 *n.* 印象
   make a deep impression on *sb.* 使某人印象深刻

The children were well-behaved, *all of them* [2](A) *excitedly chattering about the clowns, elephants **and** other acts they would see that night*.

那些孩子很聽話，他們都吱吱喳喳興奮地說著小丑、大象，以及那天晚上會看到的其他表演。

* well-behaved[3]〔ˌwɛlbɪˈhevd〕*adj.* 聽話的；行為端正的
chatter[5]〔ˈtʃætɚ〕*v.* 喋喋不休；吱吱喳喳地說
clown[2]〔klaʊn〕*n.* 小丑　　act[1]〔ækt〕*n.* 演出

2. (**A**) excitedly[2]〔ɪkˈsaɪtɪdlɪ〕*adv.* 興奮地

One could sense *they had never been to the circus before.* It

[3](**G**) promised to be a highlight *of their young lives.*

可以感覺得到他們以前從未看過馬戲團。這有可能是他們年輕生命中最難

忘的時刻。

* sense[1]〔sɛns〕*v.* 感覺到
highlight[6]〔ˈhaɪˌlaɪt〕*n.* 最精彩的部分；最難忘的部分

3. (**G**) promise[2]〔ˈprɑmɪs〕*v.* 有可能；保證

The father ***and*** mother were at the head *of the pack.* ***When the***

*ticket lady asked the father **how** many tickets he wanted,* he responded,

"Please let me buy eight children's tickets ***and*** two [4](**F**) adult tickets."

　　他們的父母在一行人的最前面。當售票小姐問那位父親要幾張票時，

他回答：「請讓我買八張兒童票和兩張成人票。」

* head[1]〔hɛd〕*n.* 前端
pack[2]〔pæk〕*n.* 一夥；一幫人
ticket lady 售票小姐　　respond[3]〔rɪˈspɑnd〕*v.* 回答

4. (**F**) adult[1]〔əˈdʌlt〕*adj.* 成人的

The ticket lady quoted the price *and then* the father's lips began to

^{5}**(H) quiver**. He leaned *a little closer and* asked, "How much did you

say?" The ticket lady *again* quoted the price.

售票小姐報了票價，然後那位父親的嘴唇開始顫抖。他傾身向前更靠近一
5
點，問：「妳剛剛說多少錢？」售票小姐又報了一次票價。

> * quote^3〔kwot〕v. 報（價）；引用　　***and then*** 然後
> lips^1〔lɪps〕n. pl. 嘴唇　　lean^4〔lin〕v. 向前傾身
> close^1〔klos〕adv. 接近地；靠近地

5. (**H**) quiver^5〔ˈkwɪvɚ〕v. 發抖；顫抖

The father didn't have enough money. How was he ^{6}**(I) supposed** to

tell his eight kids ***that** he didn't have enough money for the circus*?

那位父親的錢不夠。他應該如何對他的八個小孩說，他沒有足夠的錢買馬
6
戲團的票？

6. (**I**) suppose^3〔səˈpoz〕v. 以為　　***be supposed to*** 應該

Seeing ^{7}**(B) what** *was going on*, my dad pulled out a \$20 bill *from*

*his pocket **and*** dropped it *on the ground*. (We were not wealthy *in any*

sense!)

我爸看出發生了什麼事，所以就從口袋抽出一張二十元紙鈔，讓它掉
7
到地上。（我們絕對不是有錢人！）

* see[1] 〔 si 〕 *v.* 知道　　***go on*** 發生
dad[1] 〔 dæd 〕 *n.* 爸爸　　pull[1] 〔 pʊl 〕 *v.* 拉；(從口袋中) 掏出
bill[2] 〔 bɪl 〕 *n.* 紙鈔　　drop[2] 〔 drɑp 〕 *v.* 使落下
wealthy[3] 〔 'wɛlθɪ 〕 *adj.* 有錢的
not in any sense 絕不是 (= *in no sense*)

7. (**B**) ***what was going on*** 當時發生了什麼事

My dad *then* reached *down*, picked up the bill, tapped the fahter *on the*
*shoulder **and*** said, "Excuse me, sir. This fell *out of your* [8]**(E)** *pocket*."
然後我爸伸手向下，撿起那張紙鈔，輕拍那位父親的肩膀，然後說：「對
不起，先生。從你的<u>口袋</u>掉出了這個。」
8

* reach[1] 〔 ritʃ 〕 *v.* 伸手　　***pick up*** 撿起
tap[4,3] 〔 tæp 〕 *v.* 輕拍　　shoulder[1] 〔 'ʃoldɚ 〕 *n.* 肩膀
tap *sb.* ***on the shoulder*** 輕拍某人的肩膀
fall out of 從…掉出來

8. (**E**) pocket[1] 〔 'pɑkɪt 〕 *n.* 口袋

The father knew ***what*** had happened. He *certainly* appreciated the
help *in such a situation.*
那位父親知道發生了什麼事。在如此的情況下，他當然很感激這樣的幫
忙。

* certainly[1] 〔 'sɝtn̩lɪ 〕 *adv.* 當然
appreciate[3] 〔 ə'priʃɪˌet 〕 *v.* 感激
situation[3] 〔 ˌsɪtʃʊ'eʃən 〕 *n.* 情況

He took my dad's hand *in both of his*, squeezed [9](**J**) *tightly onto the $20*

bill, **and** *with tears* [10](**D**) *streaming down his cheeks*, he replied, "Thank

you, thank you, sir. This *really* means *a lot to me* **and** *my family*."

他用雙手握住我爸的手，將二十元紙鈔緊緊握著，眼淚從他的臉頰流下來，
         9   10
他回答說：「謝謝你，謝謝你，先生。這真的對我和我的家人意義重大。」

 * *take one's hand*　抓住某人的手
  squeeze³〔skwiz〕v. 擠壓；緊握 < on / onto >
  tear²〔tɪr〕n. 眼淚　　cheek³〔tʃik〕n. 臉頰
  reply²〔rɪˋplaɪ〕v. 回答　　*mean a lot*　意義重大

9. (**J**)　tightly³〔ˋtaɪtlɪ〕adv. 緊緊地

10. (**D**)　stream²〔strim〕v. 流　n. 小溪

My dad **and** I went *back to our car* **and** drove *home*. We didn't go to

the circus *that night*, **but** we didn't go without.

我爸和我回到我們的車子，然後就開車回家。那天晚上我們沒看馬戲團，
但是我們並沒有白跑一趟。

 * *go without*　不享受；沒有…也行；被剝奪某物 (= *be deprived of sth.*)
 we didn't go without　字面的意思是「我們並沒有被剝奪任何東西」，
  我們沒看到馬戲團表演並不覺得可惜，反而從這次的經驗中獲益，也
  就是「我們並沒有白跑一趟」。

TEST 34

說明： 第1至10題，每題一個空格。請依文意在文章後所提供的(A)到(L)
選項中分別選出最適當者。

It takes hard work and determination to reach the top of the fashion business, and Anna Sui has certainly succeeded. Time Magazine included her in its ___1___ of the five most important fashion gurus of this decade. She was born in Detroit in 1955 and moved to New York City after high school. She enrolled at the ___2___ Parsons School of Design and went on to work as a stylist for the fashion photographer Steven Meisel.

After designing clothes ___3___ a young woman, inspired by the models in magazines, Anna Sui found her own style. Before long, Anna launched her own clothing ___4___ and opened the first of her boutiques in New York City. She has continued to be ___5___ popular in Japan, and has designed the costumes for an anime (Japanese animation) television series.

Her collection is sold in over thirty countries. The range of dresses, tops and skirts has a contemporary feel about it, and Anna Sui says she was ___6___ by the rock chic look. There are also accessories for sale ___7___ bags and belts. Her status is sealed by the endorsement of an impressive list of celebrities including Madonna, Paris Hilton, Cher, and so on. In 1997, the footwear collection was launched. Shoes, boots and sandals are available as casual daywear and for ___8___ occasions. There are several different materials used, including silk, shearling, suede, patent leather, velvet, and snake and lizard skin.

The Anna Sui fragrance, aftershave and cosmetics line came out two years later. The fragrance bottles are particularly ___9___, and include a butterfly shape and a mannequin head design. Anna Sui continues to bring out her collections, drawing from different inspirational ideas each time, and the shows are always well ___10___. She is always open about the source of her ideas, and still keeps an eye on what's in the magazines, mixing that with some classic looks from the past.

(A) line   (B) particularly (C) such as   (D) inspired
(E) list   (F) received   (G) formal   (H) prestigious
(I) inventive (J) as   (K) normal   (L) perspire

TEST 34 詳解

It takes hard work ***and*** determination to reach the top *of the*
fashion business, ***and*** Anna Sui has *certainly* succeeded. Time
Magazine included her *in its* [1](E) *list of the five most important fashion*
gurus of this decade.

在時尚產業要達到頂尖，需要努力和決心，而安娜‧蘇無疑地已經成
功了。《時代雜誌》將她列入近十年最重要的五大時尚大師的名單中。

* take[1] 〔 tek 〕 *v.* 需要 　　***hard work*** 努力
  determination[4] 〔 dɪ͵tɝmə'neʃən 〕 *n.* 決心　　top[1] 〔 tap 〕 *n.* 頂端
  fashion[3] 〔'fæʃən 〕 *n.* 時尚；流行　　business[2] 〔'bɪznɪs 〕 *n.* 行業；事業
  Anna Sui 〔'ænə 'swi 〕 *n.* 安娜‧蘇
  certainly[1] 〔'sɝtn̩lɪ 〕 *adv.* 無疑地；確實
  succeed[2] 〔 sək'sid 〕 *v.* 成功
  Time Magazine 時代雜誌
  include[2] 〔 ɪn'klud 〕 *v.* 包括
  guru 〔'gu͵ru ; 'gʊru 〕 *n.* 權威；
  　專家；精神領袖
  decade[3] 〔'dɛked 〕 *n.* 十年

> 來自印度文 (Hindi) 的英文：
> guru 〔'gu͵ru ; 'gʊru 〕 *n.* 權威；專家
> Avatar 〔͵ævə'tɑr 〕 *n.* 神之化身
> cheetah 〔'tʃitə 〕 *n.* 獵豹
> karma 〔'kɑrmə 〕 *n.* 業；因果報應
> pajamas 〔 pə'dʒæməz 〕 *n. pl.* 睡衣
> pagoda 〔 pə'godə 〕 *n.* 寶塔；浮屠

1. (**E**) list[1] 〔 lɪst 〕 *n.* 名單

She was born *in Detroit in 1955* ***and*** moved to New York City *after*
high school. She enrolled *at the* [2](H) *prestigious Parsons School of*
Design ***and*** went on to work *as a stylist for the fashion photographer*
Steven Meisel.

安娜・蘇 1955 年出生於底特律，高中畢業後搬到了紐約市。她就讀著名的
帕森斯設計學院，之後擔任時裝攝影師史蒂芬・梅塞爾的造型師。　²

> * Detroit〔dɪˈtrɔɪt〕*n.* 底特律【位於美國密西根州，以汽車工業聞名】
> enroll⁵〔ɪnˈrol〕*v.* 入學；登記
> ***Parsons School of Design*** 帕森設計學院【1896 年成立，爲全美最大
> 的藝術與設計學校之一】
> ***go on to do*** *sth.* 接著做某事　　stylist〔ˈstaɪlɪst〕*n.* 造型師；髮型師
> photographer²〔fəˈtɑgrəfə〕*n.* 攝影師
> Steven Meisel〔ˈstivən ˈmaɪsl̩〕*n.* 史蒂芬・梅塞爾【1954 年生於美國，
> 是世界頂尖時尚攝影師之一，有時尚攝影教父的稱號】

2. (**H**) prestigious⁶〔prɛsˈtɪdʒəs〕*adj.* 有名望的
　　　　　　【prestige⁶〔ˈprɛstɪdʒ〕*n.* 聲望】

After designing clothes ³(**J**) *as a young woman*, *inspired by the*
models in magazines, Anna Sui found her own style.

年輕時受到雜誌模特兒的啓發，而設計衣服之後，安娜・蘇就找到了
　　³
自己的風格。

> * design²〔dɪˈzaɪn〕*v., n.* 設計
> inspire⁴〔ɪnˈspaɪr〕*v.* 激勵；給予靈感
> model²〔ˈmɑdl̩〕*n.* 模特兒　　style²〔staɪl〕*n.* 風格

3. (**J**) ***as a young woman*** 身爲年輕的女性；在她年輕時

Before long, Anna launched her own clothing ⁴(**A**) *line **and*** opened the
first *of her boutiques in New York City.*
不久之後，安娜發表了自己的服裝系列，並在紐約市開了她的第一家精品
店。
　　⁴

* ***before long*** 不久　　launch[4] 〔 lɔntʃ 〕 *v.* 發售（新產品）

clothing[2] 〔 'kloðɪŋ 〕 *n.*（總稱）衣服　　boutique 〔 bu'tik 〕 *n.* 精品店

4. (**A**) 依句意，發表自己的服裝「系列」，故選 (A) ***line***[1] 〔 laɪn 〕 *n.* （ 貨
物等的 ） 種類；系列。

She has continued to be [5](**B**) *particularly* popular *in Japan*, ***and*** has
designed the costumes *for an anime (Japanese animation) television*
series.

她一直在日本<u>特別</u>受歡迎，並且爲一部日本電視動漫連續劇設計服裝。

* continue[1] 〔 kən'tɪnju 〕 *v.* 繼續　　popular[3] 〔 'pɑpjələ 〕 *adj.* 受歡迎的

costume[4] 〔 'kɑstjum 〕 *n.* 服裝

anime 〔 'ænɪmeɪ 〕 *n.*（日本）動畫【由 animation[3] 〔 ˌænə'meʃən 〕 *n.* 動畫
　縮寫而來，幾乎都是用來專指「日本的卡通、動畫」】

series[5] 〔 'sɪrɪz 〕 *n. pl.* 影集；連續；系列

5. (**B**) particularly[2] 〔 pə'tɪkjələ·lɪ 〕 *adv.* 尤其；特別地

Her collection is sold *in over thirty countries.* The range *of*
*dresses, tops **and** skirts* has a contemporary feel *about it,* ***and*** Anna
Sui says *she was* [6](**D**) *inspired by the rock chic look.* There are *also*
accessories *for sale* [7](**C**) *such as bags **and** belts.*

她的系列商品在三十多個國家銷售。洋裝、上衣和裙子的類別具有現
代感，安娜・蘇說她是<u>受到</u>搖滾時尚風格的<u>啓發</u>。還有配件，像是袋子和
皮帶出售。

* collection[3] 〔 kə'lɛkʃən 〕 *n.* 收藏品；（服飾）當季所推出的一系列產品

range² ﹝rendʒ﹞ *n.* 範圍；類別　　dress² ﹝drɛs﹞ *n.* 洋裝
top¹ ﹝tap﹞ *n.* 上衣　　contemporary⁵ ﹝kən'tɛmpə,rɛrɪ﹞ *adj.* 當代的
feel¹ ﹝fil﹞ *n.* 感覺；氣氛　　rock² ﹝rak﹞ *n.* 搖滾
chic ﹝ʃik﹞ *adj.* 時髦的；瀟灑的　　look¹ ﹝luk﹞ *n.* 款式；樣式
accessory⁶ ﹝æk'sɛsərɪ﹞ *n.* 配件　　***for sale*** 出售

6. (**D**) 安娜・蘇說她「受到」搖滾時尚風格的「啟發」，故選
　　　　(D) ***inspired***。　　inspire⁴ ﹝ɪn'spaɪr﹞ *v.* 激勵；給予靈感

7. (**C**) ***such as*** 像是

Her status is sealed *by the endorsement of an impressive list of*

celebrities including Madonna, Paris Hilton, Cher, and so on.

她的地位由包括瑪丹娜、派瑞斯・希爾頓、雪兒等，一連串令人印象深刻
的名人所認證。

　　* status⁴ ﹝'stetəs﹞ *n.* 地位　　seal³ ﹝sil﹞ *v.* 蓋印章；密封；確認
　　endorsement ﹝ɪn'dɔrsmənt﹞ *n.* 背書
　　impressive³ ﹝ɪm'prɛsɪv﹞ *adj.* 令人深刻印象的
　　celebrity⁵ ﹝sə'lɛbrətɪ﹞ *n.* 名人　　including⁴ ﹝ɪn'kludɪŋ﹞ *prep.* 包括
　　Madonna ﹝mə'danə﹞ *n.* 瑪丹娜【美國著名女歌手、演員和企業家】
　　Paris Hilton ﹝'pærɪs 'hɪltən﹞ *n.* 派瑞斯・希爾頓【美國名媛、電視
　　　　名人、歌手、女演員和模特兒，也是著名希爾頓酒店集團承繼人之一】
　　Cher ﹝ʃɛr﹞ *n.* 雪兒【美國女歌手和演員】　　***and so on*** 等等

In 1997, the footwear collection was launched.　Shoes, boots ***and***

sandals are available *as casual daywear **and** for* ⁸(**G**) ***formal*** *occasions.*

There are several different materials *used, including silk, shearling,*

*suede, patent leather, velvet, **and** snake **and** lizard skin.*

1997 年，推出了鞋子。像是休閒穿著和<u>正式</u>場合使用的鞋子、靴子，和涼
　　　　　　　　　　　　　　　　8
鞋，皆可買到。使用了好幾種不同的材質，包括絲綢、羊毛皮、麂皮、漆
皮、天鵝絨、蛇皮，以及蜥蜴皮。

* footwear〔'fʊtˌwɛr〕n. (總稱) 鞋類
　boot[3]〔but〕n. 靴子
　sandal[5]〔'sændl̩〕n. 涼鞋
　available[3]〔ə'veləbl̩〕adj. 可獲得的；
　　買得到的
　casual[3]〔'kæʒʊəl〕adj. 休閒的；非正式的
　occasion[3]〔ə'keʒən〕n. 場合
　material[6]〔mə'tɪrɪəl〕n. 材料；原料　　silk[2]〔sɪlk〕n. 絲
　shearling〔'ʃɪrlɪŋ〕n. 羊毛皮　　suede〔swed〕n. 麂皮
　leather[3]〔'lɛðɚ〕n. 皮革　　patent leather〔'pætn̩t 'lɛðɚ〕n. 漆皮
　velvet[5]〔'vɛlvɪt〕n. 天鵝絨；絲絨　　snake[1]〔snek〕n. 蛇
　lizard[5]〔'lɪzɚd〕n. 蜥蜴　　skin[1]〔skɪn〕n. 皮膚；(動物的) 皮

foot<u>wear</u>	n.	鞋類
day<u>wear</u>	n.	日間穿著
night<u>wear</u>	n.	睡衣
mens<u>wear</u>	n.	男裝
womens<u>wear</u>	n.	女裝
sports<u>wear</u>	n.	運動服
outer<u>wear</u>	n.	外衣；外套

8. (**G**) formal[2]〔'fɔrml̩〕adj. 正式的

The Anna Sui fragrance, aftershave *and* cosmetics line came out

two years later. The fragrance bottles are *particularly* [9](**I**) inventive,

and include a butterfly shape *and* a mannequin head design.

　安娜‧蘇的香水、鬍後潤膚水，以及化妝品系列，於兩年後推出。香
水的瓶子特別<u>有創意</u>，包括蝴蝶形狀和人體頭部模型的設計。
　　　　　　　9

* fragrance[4]〔'fregrəns〕n. 芳香；香水【廣告用語】
　aftershave〔'æftɚˌʃev〕n. (男用) 鬍後潤膚水
　【shave[3]〔ʃev〕n. 刮 (鬍子)】
　cosmetics[6]〔kɑz'mɛtɪks〕n. pl. 化妝品　　*come out* 出現
　bottle[2]〔'bɑtl̩〕n. 瓶子　　shape[1]〔ʃep〕n. 形狀
　mannequin〔'mænəkɪn〕n. 時裝模特兒；人體模型

9. (**I**) inventive[4] (ɪn'vɛntɪv) *adj.* 有發明才能的；創新的

Anna Sui continues to bring out her collections, *drawing from*

different inspirational ideas each time, ***and*** the shows are *always well*

[10]**(F)** received. She is *always* open *about the source of her ideas,* ***and***

still keeps an eye on ***what's in the magazines, mixing that with some***

classic looks from the past.

安娜‧蘇持續推出她每次從不同構想得到靈感的新產品，她的時裝秀一直
備受認可。她總是對自己想法的來源持開放的態度，並且她仍會密切注意
　　　10
雜誌的內容，並將她的想法與過去的一些經典款式相結合。

　　* ***bring out*** 推出（新產品）　　draw[1] (drɔ) *v.* 獲得
　　draw from 從…獲得 (= *come from*)
　　inspirational[4] (ˌɪnspə'reʃənļ) *adj.* 有啓發性的；能鼓舞人心的；
　　　絕妙的
　　idea[1] (aɪ'diə) *n.* 構想；概念　　show[1] (ʃo) *n.* 表演；秀
　　open[1] ('opən) *adj.* 開放的
　　source[2] (sors) *n.* 來源
　　keeps an eye on 留意；密切注意
　　mix[2] (mɪks) *v.* 混合 < *with* >
　　classic[2] ('klæsɪk) *adj.* 經典的

> keep an eye on 密切注意
> = have an eye on
> = watch closely

10. (**F**) received[1] (rɪ'sivd) *adj.* 普遍接受的；公認的

TEST 35

說明： 第 1 至 10 題，每題一個空格。請依文意在文章後所提供的 (A) 到 (L)
選項中分別選出最適當者。

At 6 a.m. on Jan. 10th, 1863, an enormous crowd
gathered for the opening of the world's first underground
passenger railroad. Stretching between the districts of
Paddington and Farringdon, these tracks were the start of
____1____ was to become the London Underground.

Nicknamed "the Tube" by Londoners, the London
Underground was only 6 km in length when ____2____
opened. Regardless, it served as an important means of
transportation for weary Londoners who couldn't afford
cabs or didn't feel like walking through the crowded streets.

Now it has 275 stations and stretches 408 kilometers
____3____ London. It can carry over one billion passengers in
a year. This month alone, the Tube will serve more than 80
million travelers, which is more than the population of the
entire United Kingdom. By comparing this total with the
____4____ of 38 thousand people traveling on the day of its
initial opening, you can get a general idea of how much the
London Underground has grown.

Many have noted that in the summer months heat becomes a major issue in the underground trains. This has been a topic of ___5___ for almost a hundred years. Heat-pumps were tried in the 1930s but were found to be unsuitable, and it is not ___6___ to set up air conditioners in the enormous tunnels. A competition was even held for a solution to the problem; however, no winner was ever announced.

Another big problem of the Underground is overcrowding, ___7___ during rush hours. Accidents on the Underground network are very rare. However, ___8___ the fact that London has the world's best intelligence system, the Underground was still targeted by terrorists. As many as 56 people died and hundreds of others were injured in an ___9___ bomb attack in July 2005.

Though the Underground is one of the world's largest and most complicated networks of train tunnels in the world, expansion is still going on in various places around London. The London Underground is a piece of ___10___ that is still being written.

(A) organized　(B) throughout　(C) figure　(D) history
(E) especially　(F) what　(G) despite　(H) discussion
(I) first　(J) practical　(K) magnify　(L) minutes

TEST 35 詳解

At 6 a.m. on Jan. 10th, 1863, an enormous crowd gathered *for the opening of the world's first underground passenger railroad.* [*Stretching between the districts of Paddington and Farringdon,*] these tracks were the start *of* [1](F) ***what*** *was to become the London Underground.*

1863 年 1 月 10 日早上 6 點，一大群人爲了全世界第一條地下鐵的通車而聚集。這些軌道在派丁頓和法靈頓之間的區域鋪展開來，成爲倫敦地鐵的開始。

* enormous[4] 〔 ɪˋnɔrməs 〕 *adj.* 巨大的
crowd[2] 〔 kraʊd 〕 *n.* 人群　　gather[2] 〔 ˋgæðɚ 〕 *v.* 聚集
opening[1] 〔 ˋopənɪŋ 〕 *n.* 通車；開幕
underground[1] 〔 ˋʌndɚˏgraʊnd 〕 *adj.* 地下的　*n.* 地下鐵
passenger[2] 〔 ˋpæsṇdʒɚ 〕 *adj.* 旅客（用）的
railroad[1] 〔 ˋrelˏrod 〕 *n.* 鐵路　　stretch[2] 〔 strɛtʃ 〕 *v.* 延伸；展開
district[4] 〔 ˋdɪstrɪkt 〕 *n.* 地區
Paddington 〔 ˋpædɪŋrən 〕 *n.* 派丁頓【倫敦西部的住宅區】
Farringdon 〔 ˋfærɪŋdən 〕 *n.* 法靈頓【是倫敦市的一個歷史區域】
track[2] 〔 træk 〕 *n.* 軌道　　***be to V.*** 表「預定…」

1. (**F**)　依句意，空格應塡 the tracks that 或 the tracks which，故須用複合關代 ***what***，選 (F)。

Nicknamed "the Tube" by Londoners, the London Underground was only 6 km *in length* ***when*** [2](I) *first* opened. *Regardless*, it served as an important means of transportation *for weary Londoners **who** couldn't afford cabs **or** didn't feel like walking through the crowded streets.*

倫敦人暱稱倫敦地鐵爲「地下鐵」，當首次通車時，它的長度只有 6 公里。無論如何，倫敦地鐵是無力負擔計程車、或不想穿過擁擠的街道的疲累倫敦人，一個重要的交通工具。

* **nickname**[3] 〔'nɪkˌnem〕*v.* 給…取綽號　*n.* 綽號
  tube[2] 〔tjub〕*n.* 管子；【英口語】地下鐵
  Londoner 〔'lʌndənɚ〕*n.* 倫敦人
  length[2] 〔lɛŋθ〕*n.* 長度
  regardless[6] 〔rɪ'gɑrdlɪs〕*adv.* 不管怎樣；無論如何
  serve as 充當；當作
  means[2] 〔minz〕*n.* 方法；手段；工具
  transportation[4] 〔ˌtrænspɚ'teʃən〕*n.* 運輸（系統）；交通系統
  means of transportation 交通工具
  weary[5] 〔'wɪrɪ〕*adj.* 疲倦的　　**afford**[3] 〔ə'fɔrd〕*v.* 負擔得起
  cab 〔kæb〕*n.* 計程車（= *taxi*[1]）　***feel like V-ing*** 想要
  crowded[2] 〔'kraʊdɪd〕*adj.* 擁擠的

> serve as　充當
> = act as
> = function as

2. (I) 依句意，當倫敦地鐵「首次」通車時，選 (I) ***first***。

Now it has 275 stations **and** stretches 408 kilometers [3]**(B)** *throughout* London. It can carry over one billion passengers *in a year. This month alone*, the Tube will serve more than 80 million travelers, **which** *is more than the population of the entire United Kingdom. By comparing this total with the* [4]**(C)** *figure of 38 thousand* *people traveling on the day of its initial opening,* you can get a general

idea *of how much the London Underground has grown.*

現在全倫敦有 275 個地鐵站，綿延 408 公里。它一年可以載運超過十

億名乘客。光是這個月，地鐵將爲八千多萬名旅客提供服務，這個數字比

整個英國的人口總數還多。藉由比較這個總數與最初通車當天乘坐的三萬

八千人的數字，就能得出倫敦地鐵已成長多少的概念。

* carry[1] 〔'kærɪ 〕 v. 運送；載運　　billion[3] 〔'bɪljən 〕 n. 十億
  alone[1] 〔 ə'lon 〕 adv. 單單；僅僅　　***the United Kingdom*** 英國
  compare[2] 〔 kəm'pɛr 〕 v. 比較　　total[1] 〔'totḷ 〕 n. 總額
  initial[4] 〔 ɪ'nɪʃəl 〕 adj. 最初的　　general[1,2] 〔'dʒɛnərəl 〕 adj. 概略的

3. (**B**) throughout[2] 〔 θru'aʊt 〕 prep. 遍及；遍布

4. (**C**) figure[2] 〔'fɪgjɚ 〕 n. 數字

Many have noted ***that*** *in the summer months heat becomes a major*

issue in the underground trains. This has been a topic *of* [5](**H**) discussion

for almost a hundred years. Heat-pumps were tried *in the 1930s **but***

were found to be unsuitable, ***and*** it is not [6](**J**) practical *to set up air*

conditioners *in the enormous tunnels.* A competition was *even* held

for a solution to the problem; *however*, no winner was *ever* announced.

　　許多人已經注意到，在夏天的那幾個月，高溫成爲地下鐵的主要問題。這個話題的<u>討論</u>已經將近一百年了。在 1930 年代嘗試過熱幫浦，但發現並
₅
不適合，而且在巨大的隧道中設置空調是<u>不實際的</u>。甚至舉辦了一場解決
₆
高溫問題的競賽；然而，還沒有宣布任何優勝者。

* **note**[1] 〔 not 〕 v. 注意到　　**major**[3] 〔'medʒɚ〕 adj. 主要的
  issue[5] 〔'ɪʃjʊ〕 n. 議題；問題　　**train**[1] 〔 tren 〕 n. 火車；列車
  pump[2] 〔 pʌmp 〕 n. 幫浦　　**heat-pump** n. 熱泵；熱幫浦
  unsuitable[3] 〔 ʌn'sutəbḷ 〕 adj. 不適合的　　***set up*** 設立；設置
  air conditioner 空調；冷氣機　　**tunnel**[2] 〔'tʌnḷ〕 n. 隧道
  competition[4] 〔,kampə'tɪʃən〕 n. 競爭；比賽
  hold[1] 〔 hold 〕 v. 舉行　　**solution**[2] 〔 sə'luʃən 〕 n. 解決之道
  winner[2] 〔'wɪnɚ〕 n. 優勝者　　**announce**[3] 〔 ə'naʊns 〕 v. 宣布

5. (**H**) discussion[2] 〔 dɪ'skʌʃən 〕 n. 討論

6. (**J**) practical[3] 〔'præktɪkḷ 〕 adj. 實際的

Another big problem *of the Underground* is overcrowding,
[7](**E**) *especially during rush hours.* Accidents *on the Underground network* are *very* rare. *However,* [8](**G**) *despite the fact **that** London has the world's best intelligence system*, the Underground was *still* targeted *by terrorists.* As many as 56 people died ***and*** hundreds of others were injured *in an* [9](**A**) *organized bomb attack in July 2005.*

　　倫敦地鐵的另一個大問題是人滿爲患，<u>特別是尖峰時刻</u>。倫敦地鐵網
₇
路的事故非常罕見。然而，<u>儘管倫敦擁有全世界最好的情報系統</u>，但是地
₈
鐵仍然是恐怖分子的目標。2005 年 7 月，<u>有組織的炸彈攻擊</u>造成多達 56 人
死亡，其餘數百人受傷。
₉

* overcrowding[2] ('ovə'kraudıŋ) *n. adj.* 過度擁擠

rush hour 尖峰時間

network[3] ('nɛt,wɜk) *n.* 網路　　rare[2] (rɛr) *adj.* 罕見的

intelligence[4] (ɪn'tɛlədʒəns) *n.* 情報；情資

target[2] ('tɑrgɪt) *v.* 將…定作目標

terrorist[4] ('tɛrərɪst) *n.* 恐怖分子　　injure[3] ('ɪndʒə) *v.* 使受傷

bomb[2] (bɑm) *n.* 炸彈　　attack[2] (ə'tæk) *n. v.* 攻擊

7. (**E**) especially[2] (ə'spɛʃəlɪ) *adv.* 尤其；特別是

8. (**G**) despite[4] (dɪ'spaɪt) *prep.* 儘管

9. (**A**) organized[2] ('ɔrgən,aɪzd) *adj.* 有組織的；有計畫的

Though the Underground is one of the world's largest **and** most

complicated networks of train tunnels in the world, expansion is

still going on in various places around London. The London

Undergroundis a piece of [10](**D**) history ***that*** is still being written.

　　雖然倫敦地鐵是目前全世界最大，而且是最複雜的列車隧道的網絡，但是地鐵的擴建仍然在倫敦各地進行著。倫敦地鐵是一段仍在書寫中的<u>歷史</u>。
10

* complicated[4] ('kɑmplə,ketɪd) *adj.* 複雜的 (= *complex*[3])

expansion[4] (ɪk'spænʃən) *n.* 擴大　　***go on*** 進行

various[3] ('vɛrɪəs) *adj.* 各種不同的

10. (**D**) history[1] ('hɪstrɪ) *n.* 歷史

TEST 36

說明：第1至10題，每題一個空格。請依文意在文章後所提供的(A)到(L)
選項中分別選出最適當者。

According to research, various diseases are associated
with poor condition of the teeth. A fine set of teeth reflects
a person's fitness and well-being, but a poor set may be
likely to __1__ one's health. The most commonly seen
illness linked to poor teeth is periodontitis, a type of gum
__2__ which is brought about by harmful bacteria hidden in
the oral cavity. This disease can block arteries, weaken the
immune system and eventually cause endocarditis, even
heart failure. Other types of disease related to bad teeth are
bone reduction, diabetes, Alzheimer's, oral cancer and even
__3__ birth if the patient is a pregnant woman. Since the
condition of the teeth is __4__ from the overall health
condition, it is vital that one should maintain dental wellness.

Maintaining the health of one's teeth is not costly at all
if the care recommendations are followed faithfully and
__5__. The most basic rule is to brush the teeth at least
twice a day. If possible, one should use floss to __6__ the
remnants of food left in the mouth before brushing. When

the teeth are brushed, every surface of the teeth must be
___7___, especially the back surfaces. Then the mouth
should be rinsed with warm water, which is preferable to
cold water since the former can more ___8___ wash away any
detrimental particles. The toothbrush should be thoroughly
cleaned and dried after use and it should be replaced every
three months to avoid unnecessary germs. Besides, it is
important to avoid too much sugary or acidic food in one's
daily diet, since these kinds of food damage the tooth
enamel. Last but not least, one should visit his or her oral
specialist on a regular basis. The dentist can do a checkup
or ___9___, which can help identify early signs of any dental
problems.

It is important to remember that when embarrassing
bad breath appears, a piece of gum is not all that it takes to
solve the potential problems. Instead, the bad breath may
be a(n) ___10___ showing there is something wrong with
one's health.

(A) premature   (B) routinely   (C) inseparable
(D) remove   (E) penetration   (F) infection
(G) screening   (H) incomparable   (I) affect
(J) effectively   (K) reached   (L) indicator

TEST 36 詳解

According to research, various diseases are associated *with poor condition of the teeth.* A fine set *of teeth* reflects a person's fitness *and* well-being, *but* a poor set may be likely to [1](I) affect one's health.

　　根據研究，有各種不同的疾病都和牙齒狀況差有關。一副好的牙齒能反映出一個人的健康，但是一副不好的牙齒可能會影響一個人的健康。

* research[4] ('rɪsɜtʃ) *n.* 研究　　various[3] ('vɛrɪəs) *adj.* 各種不同的
　disease[3] (dɪ'ziz) *n.* 疾病　　*be associated with* 和…有關
　poor[1] (pur) *adj.* 差勁的　　condition[3] (kən'dɪʃən) *n.* 狀況
　teeth[2] (tiθ) *n. pl.* 牙齒【單數是 tooth[2]】
　set[1] (sɛt) *n.* 一組；一套；一副　　reflect[4] (rɪ'flɛkt) *v.* 反映
　fitness[2] ('fɪtnɪs) *n.* 健康　　well-being ('wɛl'biɪŋ) *n.* 幸福；健康
　be likely to V. 可能…　　health[1] (hɛlθ) *n.* 健康

1. (I) affect[3] (ə'fɛkt) *v.* 影響

The *most commonly* seen illness *linked to poor teeth* is periodontitis, *a type of gum* [2](F) infection **which** is brought about by harmful bacteria *hidden in the oral cavity.* This disease can block arteries, weaken the immune system ***and** eventually* cause endocarditis, *even* heart failure.

　　與不良牙齒有關的最常見的疾病是牙周病，這是一種由隱藏在口腔的有害細菌引起的牙齦感染。這種疾病可能會阻塞動脈、減弱免疫系統，最終導致心內膜炎，甚至心臟衰竭。

* commonly[1] (ˈkɑmənlɪ) *adv.* 通常；常常
illness[2] (ˈɪlnɪs) *n.* 疾病　　***be linked to*** 和…有關
periodontitis (ˌpɛrɪədɑnˈtaɪtɪs) *n.* 牙周病
type[2] (taɪp) *n.* 類型　　gum[3] (gʌm) *n.* 牙齦
harmful[3] (ˈhɑrmfəl) *adj.* 有害的
bacteria[3] (bækˈtɪrɪə) *n. pl.* 細菌
hide[2] (haɪd) *v.* 隱藏【hide-hid-hidden】
oral[4] (ˈɔrəl) *adj.* 口部的　　cavity[6] (ˈkævətɪ) *n.* 腔
oral cavity 口腔　　block[1] (blɑk) *v.* 堵塞
artery[6] (ˈɑrtərɪ) *n.* 動脈【vein[5] (ven) *n.* 靜脈】
weaken[3] (ˈwikən) *v.* 使虛弱　　immune[6] (ɪˈmjun) *adj.* 免疫的
eventually[4] (ɪˈvɛntʃuəlɪ) *adv.* 最後　　cause[1] (kɔz) *v.* 造成
endocarditis (ˌɛndokɑrˈdaɪtɪs) *n.* 心內膜炎
heart failure 心臟衰弱；心力衰竭

2. (**F**) infection[6] (ɪnˈfɛkʃən) *n.* 感染

Other types *of disease related to bad teeth* are bone reduction, diabetes,

Alzheimer's, oral cancer ***and even*** [3](**A**) premature birth *if the patient is*

a pregnant woman.

與壞牙有關的其他類型的疾病是骨質減少、糖尿病、阿茲海默症、口腔癌，
如果患者是孕婦的話，甚至會早產。
                    3

* ***be related to*** 和…有關　　bone[1] (bon) *n.* 骨頭；骨質
reduction[4] (rɪˈdʌkʃən) *n.* 減少　　diabetes[6] (ˌdaɪəˈbitɪz) *n.* 糖尿病
Alzheimer's (ˈælzhaɪməz) *n.* 阿茲海默症 (= *Alzheimer's disease*)
birth[1] (bɝθ) *n.* 出生　　patient[2] (ˈpeʃənt) *n.* 病人
pregnant[4] (ˈprɛgnənt) *adj.* 懷孕的

3. (**A**) premature[6] (ˌpriməˈtjur) *adj.* 過早的；不成熟的
　　　premature borth 早產

Since *the condition of the teeth is* [4](C) *inseparable from the overall*

health condition, it is vital ***that*** *one should maintain dental wellness.*

由於牙齒狀況與整體健康情況密不可分，所以保持牙齒健康非常重要。
4

* overall[5] 〔ˋovɚ͵ɔl 〕 *adj.* 整體的
　vital[4] 〔ˋvaɪtḷ 〕 *adj.* 非常重要的
　maintain[2] 〔 menˋten 〕 *v.* 維持
　dental[6] 〔ˋdɛntḷ 〕 *adj.* 牙齒的
　wellness[1] 〔 wɛlnɪs 〕 *n.* 健康

4. (**C**) inseparable[1] 〔 ɪnˋsɛpərəbḷ 〕 *adj.* 分不開的；不可分離的 < *from* >

　　Maintaining the health *of one's teeth* is not costly *at all* ***if*** *the*

care recommendations are followed faithfully ***and*** [5](B) *routinely*. The

most basic rule is to brush the teeth *at least twice a day*. ***If*** *possible*,

one should use floss *to* [6](D) *remove the remnants of food left in the*

mouth before brushing.

　　如果能確實、定期地遵照護理建議的話，保持牙齒健康一點都不昂貴。
5
最基本的規則，就是每天至少刷牙兩次。如果可能的話，在刷牙之前，應
該用牙線去除留在嘴巴裡的殘留物。
6

* ***not…at all*** 一點也不　　costly[2] ('kɔstlɪ) *adj.* 昂貴的
care[1] (kɛr) *n.* 照料；照顧
recommendation[6] (ˌrɛkəmɛn'deʃən) *n.* 建議
follow[1] ('falo) *v.* 遵守；遵循
faithfully[4] ('feθfəlɪ) *adv.* 忠實地；正確地
basic[1] ('besɪk) *adj.* 基本的　　brush[2] (brʌʃ) *v.* 刷
at least 至少　　floss (flɔs) *n.* 牙線
remnant ('rɛmnənt) *n.* 殘餘物　　leave[1] (liv) *v.* 留下

5. (**B**) routinely[3] (ru'tinlɪ) *adv.* 常規地；慣常地

6. (**D**) remove[3] (rɪ'muv) *v.* 除去

When the teeth are brushed, every surface *of the teeth* must be

[7](**K**) reached, *especially* the back surfaces. *Then* the mouth should be

rinsed *with warm water,* ***which*** is preferable to cold water ⎜***since*** the

former can more [8](**J**) *effectively* wash away any detrimental particles.⎜

刷牙時，必須刷到牙齒的每一面，特別是牙齒的背面。然後應該用溫水漱
　　　　　　　　7
口，溫水比冷水好，因爲前者可以有效地沖掉有害的顆粒。
　　　　　　　　　　　　　　8

* surface[2] ('sɝfɪs) *n.* 表面　　rinse (rɪns) *v.* 清洗；漱 (口)
preferable[4] ('prɛfrəbl̩) *adj.* 比較好的 < *to* >
the former 前者　　***wash away*** 沖走
detrimental (ˌdɛtrə'mɛntl̩) *adj.* 有害的
particle[5] ('partɪkl̩) *n.* 粒子；微粒；顆粒

7. (**K**) reach[1] (ritʃ) *v.* 到達；達到

8. (**J**) effectively[2] (ɪ'fɛktɪvlɪ) *adv.* 有效地

The toothbrush should be *thoroughly* cleaned **and** dried *after use* **and**

it should be replaced *every three months to avoid unnecessary germs.*

Besides, it is important to avoid *too* much sugary **or** acidic food *in*

one's daily diet, **since** *these kinds of food damage the tooth enamel.*

牙刷在使用後應徹底清洗乾淨，並且應該每三個月更換一次，以避免不必要的病菌。此外，重要的是要避免日常飲食中過多含糖或酸性的食物，因爲這類的食物會損傷琺瑯質。

* toothbruth〔'tuθ,brʌʃ〕*n.* 牙刷
thoroughly[4]〔'θɝolɪ〕*adv.* 徹底地　　dry[1]〔draɪ〕*v.* 把⋯弄乾
replace[3]〔rɪ'ples〕*v.* 取代；更換　　avoid[2]〔ə'vɔɪd〕*v.* 避免
germ[4]〔dʒɝm〕*n.* 病菌　　besides[2]〔bɪ'saɪdz〕*adv.* 此外
sugary[1]〔'ʃʊgərɪ〕*adj.* 糖製的；甜的【sugar[1] *n.* 糖】
acidic[4]〔ə'sɪdɪk〕*adj.* 酸性的【acid[4]〔'æsɪd〕*n.* 酸　*adj.* 酸性的】
daily[2]〔'delɪ〕*adj.* 每天的　　diet[3]〔'daɪət〕*n.* 飲食
enamel〔ɪ'næml̩〕*n.* 琺瑯質

Last but not least, one should visit his **or** her oral specialist *on a*

regular basis. The dentist can do a checkup *or* [9](G) screening, **which**

can help identify early signs of any dental problems.

最後但並非最不重要的是，應該定期去看牙醫。牙醫能做檢查或篩檢，這有助於辨識任何牙齒問題的早期跡象。

* ***last but not least*** 最後一項要點是
specialist[5]〔'spɛʃəlɪst〕*n.* 專家；專科醫師
on a regular basis 定期地（= *regularly*[2]）

checkup[5] 〔'tʃɛk͵ʌp 〕 *n.* 健康檢查
identify[4] 〔 aɪ'dɛntə͵faɪ 〕 *v.* 辨識；確認
sign[2] 〔 saɪn 〕 *n.* 徵兆；跡象

9. (**G**) screening[2] 〔'skrinɪŋ 〕 *n.* 篩檢；審查

It is important to remember ***that when*** *embarrassing bad breath*
appears, a piece of gum is not all ***that*** *it takes to solve the potential*
problems. *Instead*, the bad breath may be an [10](**L**) indicator *showing*
there is something wrong with one's health.

　　重要的是要記住，當令人尷尬的口臭出現時，一顆口香糖並不是解決
潛在問題所需要的。相反地，口臭可能是顯示一個人健康有問題的指標。
10

* embarrassing[4] 〔 ɪm'bærəsɪŋ 〕 *adj.* 尷尬的
　breath[3] 〔 brɛθ 〕 *n.* 呼吸；氣息
　bad breath 口臭
　appear[1] 〔 ə'pɪr 〕 *v.* 出現
　gum[3] 〔 gʌm 〕 *n.* 口香糖 (= *chewing gum*)
　take[1] 〔 tek 〕 *v.* 需要
　solve[5] 〔 sɑlv 〕 *v.* 解決
　potential[5] 〔 pə'tɛnʃəl 〕 *adj.* 潛在的
　instead[3] 〔 ɪn'stɛd 〕 *adv.* 取而代之；相反地

10. (**L**) indicator[2] 〔'ɪndə͵ketɚ 〕 *n.* 指標

7000 字文意選填詳解
The Most Used 7000 Words in
Word Choice: Complete the Gaps

定價：250 元

主　　　編 / 劉　毅
發　行　所 / 學習出版有限公司　　☎ (02) 2704-5525
郵 撥 帳 號 / 05127272 學習出版社帳戶
登　記　證 / 局版台業 2179 號
印　刷　所 / 裕強彩色印刷有限公司
台 北 門 市 / 台北市許昌街 10 號 2F　　☎ (02) 2331-4060
台灣總經銷 / 紅螞蟻圖書有限公司　　☎ (02) 2795-3656
本公司網址 / www.learnbook.com.tw
電 子 郵 件 / learnbook@learnbook.com.tw

2018 年 2 月 1 日初版

4713269382171

高三同學要如何準備「升大學考試」

　　考前該如何準備「學測」呢？「劉毅英文」的同學很簡單，只要熟讀每次的模考試題就行了。每一份試題都在7000字範圍內，就不必再背7000字了，從後面往前複習，越後面越重要，一定要把最後10份試題唸得滾瓜爛熟。根據以往的經驗，詞彙題絕對不會超出7000字範圍。每年題型變化不大，只要針對下面幾個大題準備即可。

準備「詞彙題」最佳資料：

背了再背，背到滾瓜爛熟，讓背單字變成樂趣。

考前不斷地做模擬試題就對了！

你做的題目愈多，分數就愈高。不要忘記，每次參加模考前，都要背單字、背自己所喜歡的作文。考壞不難過，勇往直前，必可得高分！

練習「模擬試題」，可參考「學習出版公司」最新出版的「7000字學測試題詳解」。我們試題的特色是：
①以「高中常用7000字」為範圍。②經過外籍專家多次校對，不會學錯。③每份試題都有詳細解答，對錯答案均有明確交待。

「克漏字」如何答題

　　第二大題綜合測驗（即「克漏字」），不是考句意，就是考簡單的文法。當四個選項都不相同時，就是考句意，就沒有文法的問題；當四個選項單字相同、字群排列不同時，就是考文法，此時就要注意到文法的分析，大多是考連接詞、分詞構句、時態等。「克漏字」是考生最弱的一環，你難，別人也難，只要考前利用這種答題技巧，勤加練習，就容易勝過別人。

準備「綜合測驗」（克漏字）可參考「學習出版公司」最新出版的「7000字克漏字詳解」。

本書特色：

1. 取材自大規模考試，英雄所見略同。
2. 不超出7000字範圍，不會做白工。
3. 每個句子都有文法分析。一目了然。
4. 對錯答案都有明確交待，列出生字，不用查字典。
5. 經過「劉毅英文」同學實際考過，效果極佳。

「文意選填」答題技巧

　　在做「文意選填」的時候，一定要冷靜。你要記住，一個空格一個答案，如果你不知道該選哪個才好，不妨先把詞性正確的選項挑出來，如介詞後面一定是名詞，選項裡面只有兩個名詞，再用刪去法，把不可能的選項刪掉。也要特別注意時間的掌控，已經用過的選項就劃掉，以免重複考慮，浪費時間。

準備「文意選填」，可參考「學習出版公司」最新出版的「7000字文意選填詳解」。

特色與「7000字克漏字詳解」相同，不超出7000字的範圍，有詳細解答。

「閱讀測驗」的答題祕訣

① 尋找關鍵字——整篇文章中,最重要就是第一句和最後一句,第一句稱為主題句,最後一句稱為結尾句。每段的第一句和最後一句,第二重要,是該段落的主題句和結尾句。從「主題句」和「結尾句」中,找出相同的關鍵字,就是文章的重點。因為美國人從小被訓練,寫作文要注重主題句,他們給學生一個題目後,要求主題句和結尾句都必須有關鍵字。

② 先看題目、劃線、找出答案、標題號——考試的時候,先把閱讀測驗題目瀏覽一遍,在文章中掃瞄和題幹中相同的關鍵字,把和題目相關的句子,用線畫起來,便可一目了然。通常一句話只會考一題,你畫了線以後,再標上題號,接下來,你找其他題目的答案,就會更快了。

③ 碰到難的單字不要害怕,往往在文章的其他地方,會出現同義字,因為寫文章的人不喜歡重覆,所以才會有難的單字。

④ 如果閱測內容已經知道,像時事等,你就可以直接做答了。

準備「閱讀測驗」,可參考「學習出版公司」最新出版的「7000字閱讀測驗詳解」,本書不超出7000字範圍,每個句子都有文法分析,對錯答案都有明確交待,單字註明級數,不需要再查字典。

「中翻英」如何準備

可參考劉毅老師的「英文翻譯句型講座實況DVD」,以及「文法句型180」和「翻譯句型800」。考前不停地練習中翻英,翻完之後,要給外籍老師改。翻譯題做得越多,越熟練。

「英文作文」怎樣寫才能得高分？

① 字體要寫整齊，最好是印刷體，工工整整，不要塗改。

② 文章不可離題，尤其是每段的第一句和最後一句，最好要有題目所說的關鍵字。

③ 不要全部用簡單句，句子最好要有各種變化，單句、複句、合句、形容詞片語、分詞構句等，混合使用。

④ 不要忘記多使用轉承語，像*at present*（現在），*generally speaking*（一般說來），*in other words*（換句話說），*in particular*（特別地），*all in all*（總而言之）等。

⑤ 拿到考題，最好先寫作文，很多同學考試時，作文來不及寫，吃虧很大。但是，如果看到作文題目不會寫，就先寫測驗題，這個時候，可將題目中作文可使用的單字、成語圈起來，寫作文時就有東西寫了。但千萬記住，絕對不可以抄考卷中的句子，一旦被發現，就會以零分計算。

⑥ 試卷有規定標題，就要寫標題。記住，每段一開始，要內縮5或7個字母。

⑦ 可多引用諺語或名言，並注意標點符號的使用。文章中有各種標點符號，會使文章變得更美。

⑧ 整體的美觀也很重要，段落的最後一行字數不能太少，也不能太多。段落的字數要平均分配，不能第一段只有一、兩句，第二段一大堆。第一段可以比第二段少一點。

準備「英文作文」，可參考「學習出版公司」出版的：